두뇌 발달을 결정하는
생후 1년 우리 아기 움직임

예 지
Wisdom Publishing

엄마! 아빠!
제가 크게 되기를 원하시면
엄마 아빠의 마음을 바꾸세요.
저는 엄마 아빠의 모든 것을
보고, 듣고, 느끼면서
성장합니다.

| 들어가며 | 생후 1년
아기의 움직임이
평생을 좌우한다 |

 나는 지난 20년간 '아이움직임교육센터'(구 '김윤배 아동발달연구소')를 운영하면서 수많은 발달장애 아동을 만났다. 현장에서 그 아이들을 교육·치료하면서 문제를 좀더 일찍 발견했더라면 더 쉽고 빨리 해결할 수 있었을 텐데 하는 아쉬움을 늘 느꼈다. 그리고 아기의 움직임 발달을 제대로 알고 있지 못하는 양육자가 의외로 많다는 사실이 안타까웠다. 이 책을 쓰게 된 이유가 바로 여기에 있다.
 모든 일에 순서가 있듯 아기의 움직임이 발달해 나가는 데도 순서가 있다. 아기는 태어나자마자 바로 앉고 서고 걷지 못한다. 우선 바닥에서 이리저리 움직이고 기어 다니다가 앉기를 터득하고 나면 뭔가를 잡고 선 뒤 걷는 방법을 터득한다. 이러한 일련의 발달 과정을

순서대로 밟으며 충분히 움직여야 후에 신체 모든 부분을 원활히 움직일 수 있다. 빠른 것을 좋아하는 우리나라 부모들은 우리 아기가 다른 아기보다 빨리 앉고 서고 걷길 바라지만 그보다는 제때 제대로 움직이는 것이 훨씬 더 중요하다.

생후 1년은 짧지만 다른 어떤 때보다 아기가 많은 것을 이루는 시기이다. 갓 태어나 부모의 보살핌과 도움이 없이는 아무것도 할 수 없는 무력한 존재였던 아기는 이 기간 동안 스스로 기고 앉고 일어설 수 있게 된다. 또한 냄새를 맡고(후각), 맛을 알고(미각), 접촉을 통해 느끼며(촉각), 보고(시각), 들을(청각) 뿐만 아니라 말을 알아듣고(인지), 타인과 관계 맺으며(사회성) 환경에 적응해 나간다. 이 과정에서 아기가 어떻게 움직이는지에 따라 이후의 발달이 전반적으로 달라진다.

생후 1년간 아기의 움직임은 뇌 발달에도 무척 중요하다. 특히 생후 8개월에 뇌 속 신경세포 간 연결인 시냅스 형성이 일생 중 최고조에 이르는데, 아기의 움직임은 여기에 결정적인 영향을 미친다. 그러므로 똑똑한 아이로 키우고 싶다면 생후 1년 동안에는 요즘 부모들이 가장 관심을 두는 인지·언어 발달보다 움직임 발달을 우선시해야 한다.

센터에서 부모를 상담하다 보면 부모의 양육태도가 아이에게 미치는 영향은 우리가 생각하는 것보다 훨씬 크다는 사실을 실감하게 된다. 의사로부터 발달장애, ADHD Attention Deficit Hyperactivity Disorder, 주의력결핍 과잉행동장애, 언어장애, 학습장애, 행동장애 등의 진단을 받고 센터에 온 아이들은 대개 공통적으로 한 살 이전에 했어야 할 일, 예를 들어 목 가누기나 배밀이 등을 제대로 하지 못했다. 이런 아이들은 영아기 때부터 항상 안겨 있거나 유모차나 보행기 등에 앉혀 있어서 스스로 바닥에서 움직이며 뇌를 활성화할 수 있는 중요한 기회를 박탈당했던 경우가 많았다.

선천적으로 문제가 없다면 아기는 모두 스스로 움직일 수 있다. 따라서 적극적이고 자신감 있고 영리한 아이로 키우고 싶다면 아기 스스로 주변 환경을 탐색하고 몸을 충분히 움직일 수 있도록 기회를 주며 인내심을 갖고 지켜보는 것이 그 무엇보다 중요하다.

사실 부모가 할 수 있는 일은 애정을 갖고 지켜보는 것뿐일지도 모른다. 하지만 현실에서는 가장 어려운 일이다. 무엇을 지켜봐야 할지, 언제 어떤 도움을 줘야 할지 막막하기 때문이다.

이 책에서는 생후 1년 동안 아기의 월령별 움직임 발달을 정리하여 우리 아기가 제대로 발달하고 있는지 확인하려면 무엇을 살펴봐야 하는지, 아기에게 어떤 이상이 생길 때 어떤 도움을 줄 수 있는지를 쉽게 알 수 있게 했다.

끝으로 본 센터를 다녀간 모든 부모들과 아기들에게 감사한다. 그들이 없었다면 이 책은 세상에 나오지 못했을 것이다.

이 책의 활용법

1. 우리 아기의 월령을 확인해요.

    월령에 맞는 움직임을 이해하기 위해서는 아기의 월령을 정확히 알아야 합니다. 하지만 의외로 아기의 월령에 대한 기준이 다양한데, 이 책의 월령 기준은 다음과 같습니다.

개월	주
1개월	생후 4주
2개월	생후 8주
3개월	생후 12주
4개월	생후 16주
5개월	생후 20주
6개월	생후 24주
7개월	생후 28주
8개월	생후 32주
9개월	생후 36주
10개월	생후 40주
11개월	생후 44주
12개월	생후 48주

이 기준을 보면 알 수 있듯이 생후 12개월은 48주가 되지만 실제로 1년 365일을 7일로 나누면 약 52주가 됩니다. 따라서 월령별

발달에서 4주 정도의 차이는 개인별 성장속도에 따른 차이로 이해할 수 있습니다. 그 외 나이는 만으로 표기했습니다.

2. 제목만 봐도 해당 월령의 움직임 내용을 확인할 수 있어요.

해당 월령에 아기가 보편적으로 보이는 움직임과 '기기' '앉기' '걷기' '손가락' '감각·지각' '사회성'처럼 각 움직임마다 관련되는 발달 사항을 제목만으로도 확인할 수 있습니다.

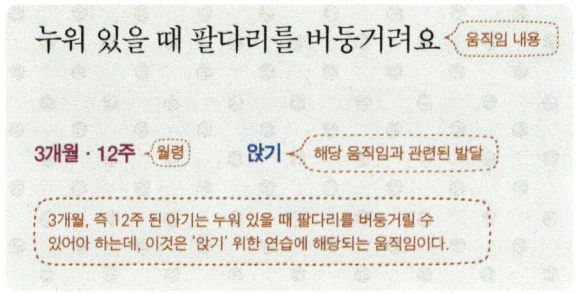

3. 3개월별로 핵심발달 사항이 정리되어 있어요.

3개월씩 그 기간 안에 아기가 꼭 해내야 할 움직임과 못 해낼 경우 도와줄 방법이 정리돼 있어 간편하게 확인할 수 있습니다.

4. 발달 지표가 되는 움직임을 가나다 순으로 찾아볼 수 있어요.

책의 말미에 생후 1년간 아기의 성장발달에서 지표가 될 만한 움직임을 가나다 순으로 정리해 해당 내용을 찾아볼 수 있게 했습니다.

차례

들어가며: 생후 1년 아기의 움직임이 평생을 좌우한다 ⋯⋯⋯⋯ 5
이 책의 활용법 ⋯⋯⋯⋯⋯⋯⋯⋯⋯⋯⋯⋯⋯⋯⋯⋯⋯⋯⋯⋯ 8

미리 알아둡시다 ❶
우리 아기 뇌에서는 어떤 일이 일어나고 있을까? ⋯⋯⋯⋯⋯ 17

미리 알아둡시다 ❷
우리 아기 감각기관은 어떻게 발달할까? ⋯⋯⋯⋯⋯⋯⋯⋯ 24

미리 알아둡시다 ❸
우리 아기는 왜 이런 반사행동을 보일까? ⋯⋯⋯⋯⋯⋯⋯⋯ 29

1개월 우리 아기 무엇을 할 수 있나?

엎드려서 고개를 조금 들어 올려요 **기기** ⋯⋯⋯⋯⋯⋯⋯ 33
고개를 잠깐씩 가운데에 둬요 **앉기** ⋯⋯⋯⋯⋯⋯⋯⋯⋯ 35
다리를 구부리고 펴요 **걷기** ⋯⋯⋯⋯⋯⋯⋯⋯⋯⋯⋯⋯ 37
주먹 쥔 손이 느슨해져요 **손가락** ⋯⋯⋯⋯⋯⋯⋯⋯⋯⋯ 39
배냇짓을 해요 **사회성** ⋯⋯⋯⋯⋯⋯⋯⋯⋯⋯⋯⋯⋯⋯ 40
● 1개월 된 우리 아기에 대해 궁금한 것들 ⋯⋯⋯⋯⋯⋯⋯ 42

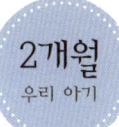

2개월 우리 아기 무엇을 할 수 있나?

- 엎드려서 고개를 제법 높이 들어요 **기기** ······ 44
- 누워 있을 때 팔과 다리를 버둥거려요 **앉기** ······ 47
- 머리, 가슴 중앙, 배꼽이 일직선상에 위치해요 **걷기** ······ 48
- 손가락을 자주 펴요 **손가락** ······ 50
- 소리가 나면 귀를 기울여요 **감각 · 지각** ······ 52
- 양육자를 따라 고개를 돌려요 **사회성** ······ 54
- ●2개월 된 우리 아기에 대해 궁금한 것들 ······ 56

3개월 우리 아기 무엇을 할 수 있나?

- 목을 가눠요 **기기** ······ 58
- 누워 있을 때 다리를 구부려요 **앉기** ······ 62
- 안정적으로 누워 있어요 **걷기** ······ 64
- 양손을 얼굴 앞으로 가져와요 **손가락** ······ 66
- 사물을 또렷이 봐요 **감각 · 지각** ······ 69
- 사회적 미소를 지어요 **사회성** ······ 71
- ●3개월 된 우리 아기에 대해 궁금한 것들 ······ 73

 1~3개월 우리 아기 핵심 발달 ······ 75

4개월 우리 아기 무엇을 할 수 있나?

엎드려서 한 팔로 버텨요 **기기** ··········· 85
몸통을 굴려요 **앉기** ··········· 87
몸을 뒤집어요 **걷기** ··········· 89
양손을 입에 넣고 탐색해요 **손가락** ··········· 93
눈앞에 갑자기 물체가 나타나면 눈을 깜빡여요 **감각·지각** ··········· 96
크게 웃어요 **사회성** ··········· 97
● 4개월 된 우리 아기에 대해 궁금한 것들 ··········· 99

5개월 우리 아기 무엇을 할 수 있나?

엎드려서 양팔과 양다리를 들어 올려요 **기기** ··········· 101
누워서 허벅지를 만져요 **앉기** ··········· 102
한쪽 손에서 다른 쪽 손으로 물건을 옮겨 잡아요 **손가락** ··········· 104
소리가 나는 쪽으로 고개를 돌리고 어디서 소리가 나는지 살펴요
감각·지각 ··········· 106
● 5개월 된 우리 아기에 대해 궁금한 것들 ··········· 109

6개월 우리 아기 무엇을 할 수 있나?

- 엎드려서 상체를 들고 양팔로 지탱해요 **기기** ········· 111
- 배밀이를 시작해요 **기기** ········· 113
- 누워서 발을 만지며 놀아요 **앉기** ········· 115
- 원하는 물건을 잡으려고 손을 뻗어요 **손가락** ········· 118
- 물건을 가려도 없어지지 않았다는 걸 알아요 **감각·지각** ········· 120
- 사람을 구별해서 미소를 지어요 **사회성** ········· 123
- ●6개월 된 우리 아기에 대해 궁금한 것들 ········· 125

4~6개월 우리 아기 **핵심 발달** ········· 127

7개월 우리 아기 무엇을 할 수 있나?

- 엎드려서 한 팔로 상체를 지탱해요 **기기** ········· 136
- 누워서 발을 빨아요 **앉기** ········· 140
- 능숙하게 뒤집어요 **걷기** ········· 142
- 장난감을 의도적으로 잡아요 **손가락** ········· 144
- ●7개월 된 우리 아기에 대해 궁금한 것들 ········· 145

 **무엇을 할 수 있나?**

양팔과 양다리를 교차로 움직이며 배밀이를 해요 **기기** ········· 146
비스듬히 누웠다 앉아요 **앉기** ··· 150
엎드려 있다가 옆으로 굴러 누워요 **걷기** ·························· 153
양손을 자유롭게 사용해요 **손가락** ···································· 156
가려진 물건을 찾아내요 **감각 · 지각** ································· 158
낯을 가려요 **사회성** ·· 160
● 8개월 된 우리 아기에 대해 궁금한 것들 ···························· 162

 무엇을 할 수 있나?

팔과 무릎으로 지탱하며 가슴, 배, 엉덩이를 들어요 **기기** ····· 164
뭔가를 잡고 일어서요 **걷기** ·· 166
물건을 잡았다가 놓아요 **손가락** ······································· 168
컵 안에 장난감을 넣었다 꺼내요 **감각 · 지각** ····················· 170
자기가 원하는 것을 주장해요 **사회성** ······························· 171
● 9개월 된 우리 아기에 대해 궁금한 것들 ···························· 173

7~9개월 우리 아기 핵심 발달 ·· 174

10개월 우리 아기 무엇을 할 수 있나?

가슴, 배, 엉덩이를 들고 기어요 **기기** ········· 189
기다가 앉아요 **앉기** ········· 192
엄지와 검지로 물건을 능숙하게 잡아요 **손가락** ········· 194
손가락으로 물건을 탐색해요 **감각 · 지각** ········· 196
흉내 내는 것을 좋아해요 **사회성** ········· 198
● 10개월 된 우리 아기에 대해 궁금한 것들 ········· 199

11개월 우리 아기 무엇을 할 수 있나?

안정적으로 앉아요 **앉기** ········· 200
쪼그려 앉았다 일어서요 **걷기** ········· 201
놀이를 하며 배워요 **감각 · 지각** ········· 203
거울에 비친 자기 모습을 알아봐요 **사회성** ········· 204
● 11개월 된 우리 아기에 대해 궁금한 것들 ········· 206

 **무엇을 할 수 있나?**

기어서 계단을 올라가요 기기 ·············· 208
20분 정도 혼자 앉아서 놀아요 앉기 ·············· 210
뭔가를 잡고 걸어요 걷기 ·············· 212
멀리 있는 물건을 당기면 가까이 오는 것을 알아요 감각·지각 ·············· 214
적극적으로 상호작용해요 사회성 ·············· 216
● 12개월 된 우리 아기에 대해 궁금한 것들 ·············· 218

10~12개월 우리 아기 핵심 발달 ·············· 220

집에서 쉽게 하는 발달 검사

3~4개월 ·············· 230
6~7개월 ·············· 237
9~10개월 ·············· 240
12~15개월 ·············· 243

우리 아기를 위해 성장일기를 써요 ·············· 245
발달 지표가 되는 움직임 찾아보기 ·············· 248
참고문헌 ·············· 250

미리 알아둡시다 ①

▶ **우리 아기 뇌에서는 어떤 일이 일어나고 있을까?**

아기의 운동성, 감각, 지각 발달을 이해하기 위해서는 뇌의 기능에 대해 알아두는 것이 좋다. 왜냐하면 뇌는 우리의 모든 사고와 행동을 관장하는 중요한 기관이기 때문이다.

우리는 자극이 있으면 반응을 한다. 쉬운 예로, 누군가 나를 툭 치면 쳐다보거나 통증을 느끼는 것이 자극에 대한 반응이다.

자극에 반응하기 위해서는 우선 자극에 대한 정보를 받아들여야 하는데, 우리 몸에서 이 일을 담당하는 기관이 바로 신경계이다. 신경계는 우리 몸의 정보전달체계로서 신체 내외부의 환경에서 생기는 여러 자극 정보를 받아들이고 그에 따른 반응을 전달한다. 몸과 뇌 간의 정보 연결통로라고 생각하면 쉽다.

신경계는 크게 척수와 뇌로 이루어진 '중추신경계', 중추신경계를 제외한 모든 신경 부분인 '말초신경계'로 나누어 볼 수 있다. 말초신경계가 감각기관에서 받아들인 감각자극이나 운동자극을 중추신경계로 보내면, 중추신경계는 그 정보들을 처리해 운동(반응)으로 내보낸다. 이러한 과정을 통해 우리의 몸이 움직이는 것이다.

신경계가 정상적으로 발달한 아기는 자극을 제대로 받아들이고 해석해 적절한 반응을 보이며 제대로 움직이지만, 신경계에 이상이 있는 아기는 자극에 제대로 반응하지 못하여 원활히 움직이지 못한다.

생후 1년까지 아기는 이리저리 움직이면서 전반적인 발달을 이루므로 이 시기에 신경계 발달은 특히나 중요하다. 아기의 활발한 움직임은 뇌로 가는 혈류량을 늘리고, 신경계를 활성화하며, 뇌의 성장호르몬 수준을 높인다. 또한 뇌에서 학습과 기억에 중요한 역할을 하는 부분인 해마에도 긍정적인 영향을 준다.

특히 뇌의 다음 부분들이 아기의 행동과 밀접하게 관련되어 있다.

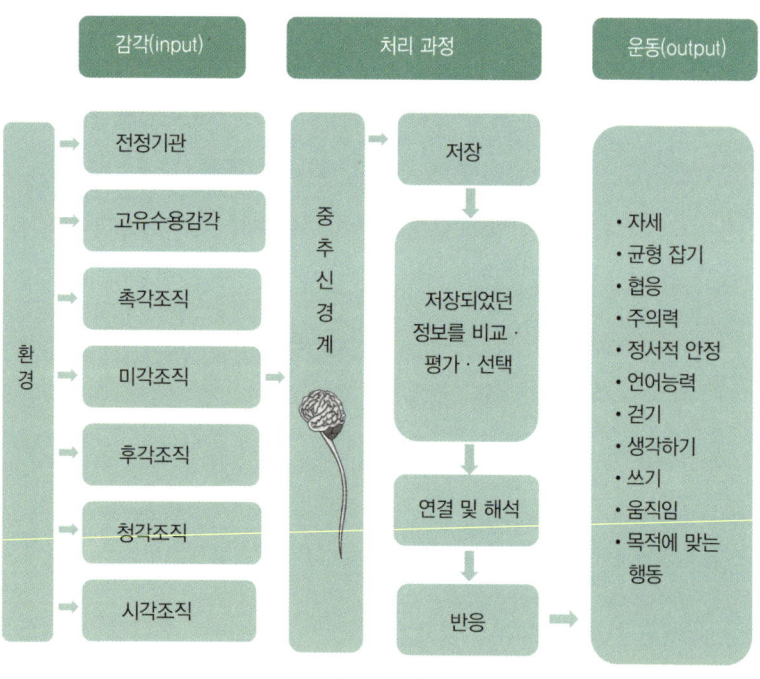

신경계의 자극과 반응

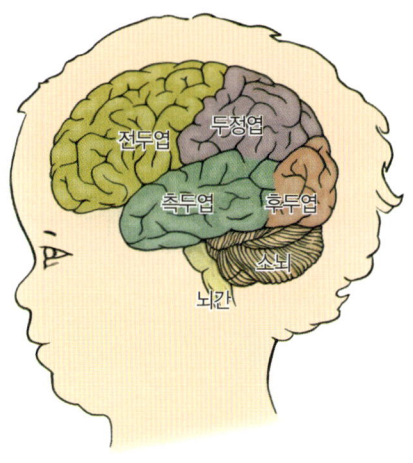

뇌 구조도

● 뇌간

호흡이나 심장박동 등 생존과 관련된 기능을 담당하는 뇌간은 중추신경계의 모든 부분에서 정보를 받아들여 통합하고 대사·심폐기능·복잡한 반사작용·골격근 활동 등을 조절한다.

뇌간의 중요한 역할 하나가 자세, 특히 직립자세를 안정적으로 유지하는 것이다. 뇌간은 귀 내부에 위치한 전정기관의 전정수용기, 피부의 압력수용기, 시각 등의 감각전달기관으로부터 받은 정보를 바탕으로 우리 몸의 직립자세를 유지한다. 뇌간이 제대로 발달하지 못할 경우 이상하게 걷거나 균형을 잡지 못하는 등의 운동장애가 생길 수 있다.

● 소뇌

소뇌는 소근육을 이용하는 손가락, 눈, 입 등의 복잡하고 정교한 운동을 조정하고 감시하며, 지능 발달과 밀접한 관계가 있다. 영아 213명을 대상으로 한 클레어 캐머런Claire E. Cameron, 버지니아 대학교 등의 연구에 따르면 소근육이 잘 발달된 영아는 유치원에서 높은 성취도를 보였다. 따라서 소뇌는 정교한 움직임뿐만 아니라 두뇌 발달에도 매우 중요한 역할을 하는 것을 알 수 있다.
소뇌가 손상되면 사물을 조작하는 능력이 떨어지고, 행동이 둔해지며 손발을 떨게 된다.

● 대뇌피질

대뇌피질은 뇌 전체를 감싸고 있는 포장지와 같은 부분으로, 복잡한 운동을 조직하고 학습된 경험을 저장하고 지각 정보를 수용한다. 크게 전면의 '전두엽', 중앙의 '두정엽', 후면의 '후두엽', 측면의 '측두엽' 네 부분으로 구분된다.
대뇌피질 가운데 가장 넓은 면적을 차지하고 있는 전두엽은 뇌의 사령탑이라 할 수 있다. 전두엽은 세 살까지 왕성하게 발달하는데, 특히 생후 8개월경 활동이 크게 증가한다. 전두엽은 정서 발달과도 밀접한 관련이 있어 이 시기에 따뜻한 신체접촉과 대화는 아기의 전두엽 발달에 무척 중요하다.
또한 전두엽 중 가장 앞부분인 전전두엽은 계획을 세우고, 주의를 집중하고, 의사를 결정하는 등의 고차원적 정신활동이 이루어지는 중요한 부분이다. 그래서 주의 집중 또는 감정 조절이 잘 안 되는 아이들은 전전두엽에 문제가 있는 경우가 많다.

두정엽은 몸의 감각을 느끼는 곳으로 촉감, 온도와 몸의 위치 등에 대한 정보를 받아들인다. 그래서 촉각이 둔하거나 아픔을 잘 느끼지 못하거나 자신이 어디에 위치해 있는지 파악하는 공간지각 능력이 떨어진다면 두정엽 손상을 의심해 볼 수 있다. 공간 이해 및 수학적 계산을 처리하는 두정엽은 여자에 비해 남자가 더 발달하는 것으로 알려져 있다.

후두엽은 시각 정보를 처리하고, 공간에 대한 기억을 담당한다. 생후 6~8개월에 후두엽이 발달하면서 아기는 낯을 가리기 시작한다. 이는 기억력과 더불어 사회성과 관련된 인지 발달의 한 과정에서 나타나는 현상이다. 후두엽은 3~12개월에 왕성하게 발달하기 때문에 이 시기에 모빌이나 그림 등을 이용하여 아기에게 적절한 시각자극을 주는 것이 중요하다.

측두엽은 언어·시각·청각 정보를 담당한다. 생후 3~4개월에 측두엽의 시냅스와 시냅스 간에 정보를 전달해 주는 말이집myelin sheath이 활발하게 형성되면서 아기의 시청각 능력은 엄청난 속도로 발달한다. 영국 킹스칼리지런던KCL, King's College London 신경정신센터의 연구에 따르면 생후 3개월이 지나면 아기는 사람의 음성을 구별하고, 그 말에 담긴 감정을 느낄 수 있다고 한다. 청각 발달은 언어 발달의 기반이 되므로 이 시기에 TV나 시끄러운 소음에 노출되지 않는 것이 좋다.

● 변연계

대뇌피질 아래 있으며, 겉에서 보았을 때 귀 바로 위에 위치한 변연계는 우리 몸 안에서 일어나는 정서적, 화학적 반응을 담당한다. 예를 들어, 위협을 당했을 때 맞서 싸울 것인지 도망칠 것인지 결정을 내리는 곳이 바로 변연계이다. 이외에도 변연계는 체온, 혈당, 혈압 등을 유지하는 호르몬 분비, 소화기능 등을 조절하기도 한다.
변연계가 감정을 조절한다는 것을 입증하는 연구가 많이 있는데, 그중 미국 국립보건원의 폴 맥클린Paul D. MacLean 1913~2007 박사에 따르면 변연계를 떼어낸 햄스터는 새끼를 양육하지 않고 무시하는 태도를 보였다. 또한 정신의학자들에 따르면 변연계가 잘 발달되지 않은 사람은 다른 사람의 감정 상태를 제대로 파악하지 못하거나 그에 공감할 수 없다.
신뢰감을 느끼는 것은 변연계의 긍정적 발달에 무척 중요하다. 변연계의 많은 부분이 학령기 이전에 활성화되므로 아기와 신뢰관계를 형성하는 것은 아기의 행복한 성장뿐 아니라 건강하고 안전한 사회를 이루는 데 있어서도 꼭 필요한 일이다.

● 뉴런

뉴런은 뇌 속에 있는 회선으로 신경세포 간의 연결을 담당하는데, 뇌는 뉴런을 통하지 않고는 전혀 기능할 수 없다. 뉴런은 시냅스라는 접합부를 나뭇가지처럼 늘려 서로 연결함으로써 기능을 발달시킨다. 출생 시 약 50조 개에 불과한 시냅스는 생후 3개월쯤 되면 약 1천조 개로 증가하지만 이런 폭발적 성장세는 계속 이어지지 않는다. 이후 사용되지 않는 부분은 소멸되고 필요한 기능과 관련된 연결만 남기 때문이다. 생후 12개월까지는 시냅스 연결이 왕성하게 형성되는 중요한 시기이므로 풍부한 감각자극과 운동의 기회를 제공하는 것이 좋다.

미리 알아둡시다 ❷

▶ 우리 아기 감각기관은 어떻게 발달할까?

감각은 아기의 성장발달에서 중요한 역할을 하는데, 특히 전정감각, 고유수용감각, 촉각은 가장 기본이 되는 감각으로서 아기가 건강하게 성장할 수 있는 바탕이 된다. 이러한 감각들이 제대로 발달해야 아기는 이후 발달 과정에서 자기 몸을 자연스럽고 효율적으로 사용할 수 있다.

● **전정감각**(균형과 움직임에 관한 감각)

전정기관은 머리의 수평, 수직, 회전 운동 등을 감지하여 신체의 균형을 유지한다. 전정기관은 태내에서 5개월이면 형태를 거의 갖추고, 생후 1년 동안 가장 민감하게 반응한다.

흔히 우는 아기를 달랠 때 안아주고 업어주고 흔들어 주는데, 다 민감한 전정감각을 진정시키는 데 효과적인 동작들이다. 전정감각의 민감성은 돌이 지나면서 빠르게 감소하여 사춘기 무렵 성인과 비슷해진다.

아기 때는 자주 넘어지다가 나이를 먹을수록 넘어지는 횟수가 감소하는 것은 전정감각이 성숙해지기 때문이다. 전정감각 발달이 느리면 자세 조정력, 운동 능력 발달도 더뎌진다. 한 연구에 따르면, 신생아 때 전정감각에 이상을 보인 아기 중 절반 이상이 18개월이 되어도 걷지 못했다.

◉ 고유수용감각(신체 움직임에 관한 감각)

고유수용감각은 근육, 관절 등 신체 각 부분으로부터 받아들여진 감각을 무의식적으로 수용하여 언제, 어떻게 근육을 늘이고 수축시킬지, 신체 각 부분은 어디에 위치해 있는지, 그것을 어떻게 움직일지에 대한 정보를 제공한다. 때문에 단일적으로 발달하기보다는 촉각, 전정감각과 함께 상호작용하면서 발달한다.

고유수용감각은 신체를 통제하고 움직이는 정보와 밀접하게 관련되어 있어 이 감각에 문제가 있는 아기는 잘 기지 못하고, 미끄럼틀과 같은 높은 공간에서 움직이는 것을 두려워하며, 단추나 콩과 같은 작은 물건을 잘 다루지 못한다.

◉ 촉각(접촉에 관한 감각)

촉각을 관장하는 뇌 부분은 태내에서 4개월 정도면 발달한다. 때문에 아기는 생후 10주만 되어도 손으로 사물을 구별할 수 있다. 아기의 촉각은 피부의 감각수용기들로부터 진동, 움직임, 온도, 통증 등의 정보를 받아들이는데, 생후 1개월만 지나도 선호하는 촉감이 생길 정도다.

촉각이 중요한 이유는 정보를 받아들일 뿐만 아니라 정서 및 성장 발달에도 영향을 주기 때문이다. 그 대표적인 예가 바로 '캥거루 케어Kangaroo Care'다. 캥거루 케어는 미숙아를 양육자의 심장 가까이 놓고 팔로 감싸 안는 것으로서, 아기의 체온을 높이고 아기가 양육자의 체취나 감촉을 직접 느끼게 해 낯선 환경이 주는 스트레스를 누그러뜨린다. 또한 아기 피부에 있는 특수감각섬유를 자극해 뇌의 옥시토신 호르몬을 분비시켜 아기의 면역력을 높인다고 밝혀져 있다.

◉ 미각

생후 2주만 지나도 미각 세포가 발달하여 아기는 짠맛, 단맛, 쓴맛, 신맛 등을 구분한다. 그중 아기가 가장 좋아하는 것은 단맛이다. 아기에게 설탕이 묻은 공갈젖꼭지를 주면 떼를 쓰지 않지만, 쓴맛이나 떫은맛이 묻은 것을 주면 바로 뱉어낸다.
생후 6개월이 지나면 이유식을 시작하는데, 이 시기의 음식 선호가 이후의 선호도에 많은 영향을 미친다. 어린 시절 맛본 경험이 있는 음식에 대해서는 거부감이 적어진다. 따라서 편식하지 않게 하기 위해서는 이 시기에 음식을 골고루 먹이는 것이 좋다.

◉ 후각

후각은 다른 감각 정보들과 달리 변연계에서 직접 처리된다. 때문에 뇌 발달이 80% 정도 이루어지는 임신 6개월 정도면 태아는 양수를 통해 냄새를 맡고 인지할 수 있다. 아기의 후각은 태어난 후 더욱 발달하는데, 생후 5일 정도면 냄새로 모유 방향을 인지하고, 1개월 정도가 지나면 엄마와 타인의 모유 냄새를 구별할 수 있다.

또한 변연계는 감정과 관련이 있기 때문에 좋은 냄새를 맡게 하는 것은 아기의 기분이 좋아지게 하여 정서 발달에 도움이 된다.

● 청각

신생아는 고막과 고막 안쪽에 위치해 소리를 전달하는 귓속뼈(청소골)의 발달이 완성되지 않아 소리에 민감하게 반응하지 못한다. 하지만 생후 3개월에 이르면 청각이 급속도로 발달한다. 아기는 여러 가지 음색을 구별할 수 있고, 양육자의 목소리도 알아듣는다. 그리고 소리가 나는 방향으로 얼굴과 몸을 돌려 관심을 표현하기도 한다.

청각 발달은 언어 발달에 있어서도 매우 중요하다. 따라서 아기에게 다양한 음색과 높낮이의 목소리를 들려주어 청각을 충분히 자극하는 것이 좋다.

● 시각

갓 태어난 아기의 시각은 빛을 감지하고 물체를 어렴풋이 보는 정도에 그친다. 뇌의 시각중추와 망막의 기능이 불완전하여 초점을 맞출 수 없기 때문이다.

하지만 생후 2~3개월 정도면 사물의 거리를 인지한다. 생후 3개월이 지나도 사물을 주시하지 못하면 시각에 문제가 있을 수 있으므로 안과 검사를 받는 것이 좋다.

또 생후 3개월부터는 색을 구분할 수 있으므로 백일 이전에는 흑

백 모빌을 사용하고, 백일 이후에는 색상이 다양한 모빌을 사용하는 것이 좋다.

아기의 시력은 시간이 지남에 따라 점차 발달하여 생후 6개월에는 손을 뻗어 원하는 사물을 잡을 수 있게 된다.

미리 알아둡시다 ❸

▶ **우리 아기는 왜 이런 반사행동을 보일까?**

반사행동은 신생아가 환경에 적응할 수 있는 타고난 능력으로서 태어나면서 보이는 무의식적인 행동유형을 말한다. 반사행동은 무려 20~30여 개에 달하는데, 크게 '생존반사'와 '원시반사'(비생존반사) 두 가지로 분류된다.

생존과 직결된 '생존반사'의 대표적인 예가 '젖찾기반사'다. 손을 볼에 갖다 대면 고개를 돌려 젖을 빨듯이 손가락을 빨려고 하는 '젖찾기반사'가 없다면 아기는 충분한 영양을 공급받지 못할 수도 있다. 이외에도 숨 쉬는 '호흡반사', 갑작스런 자극이 다가오면 눈을 감는 '눈깜빡이기반사', 빛의 강도에 반응하는 '동공반사' '빨기반사'(흡

반사의 종류와 시기

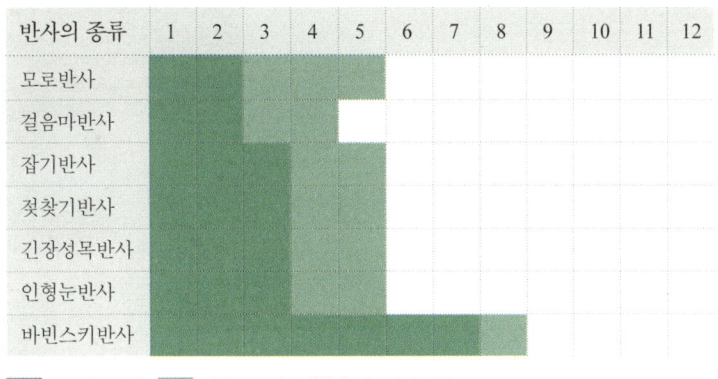

철반사) '삼키기반사' 등이 생존반사에 해당한다.

원시반사에는 모로반사, 걸음마반사, 잡기반사, 긴장성목반사, 바빈스키반사 등이 있는데, 이는 아기의 신경계 발달이 미숙해 움직임이 통제되지 않아서 나타나는 반사들이다. 원시반사는 대뇌가 발달하고 신경계가 성숙되면서 없어진다.

● 모로Moro반사

큰 소리가 나거나 몸이 불안정해져 놀라면 팔다리를 갑자기 쭉 폈다가 천천히 무언가를 껴안듯 몸 쪽으로 굽히는 반사이며, 생후 3개월쯤에 사라진다.

● 걸음마반사(보행반사)

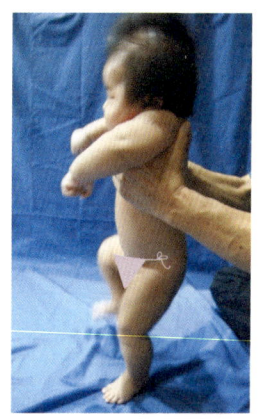

아기의 겨드랑이에 손을 넣어 아기를 세우면 아기는 자동적으로 걷는 듯한 행동을 보이는데, 이를 걸음마반사 또는 보행반사라 한다. 생후 2개월이면 사라지는데, 이후 수개월 동안 지속된다면 운동발달장애를 의심할 수 있다. 걸음마반사는 몸무게가 많이 나갈수록 빨리 사라지므로, 몸무게가 적은 경우 더 오래 나타날 수 있다.

● 잡기반사

손바닥에 물체를 대면 아기는 그것을 꼭 쥐는데 이를 잡기반사라고 하며, 생후 8주 정도까지 지속된다. 이 시기에 아기 손바닥에 집게손가락을 갖다 대 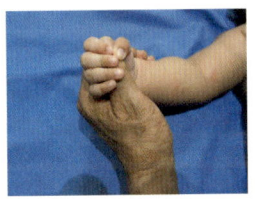 면 꽉 잡는 것을 흔히 경험할 수 있다. 잡기반사는 아기가 눈으로 보고 손을 움직여 능동적으로 물건을 잡기 시작하면서 사라진다.

● 긴장성목반사

긴장성 목반사는 머리의 위치에 따라 몸의 움직임을 조절하는 반사로, 고개를 돌린 쪽의 팔다리는 펴고 반대편은 구부리는 행동을 말한다. 머리의 급격한 위치 변화를 전정감각이 감지하고 이에 대한 반응으로 나타나는 것이 긴장성목반사인데, 일반적으로 4개월이 지나면 전정감각이 성숙해져 몸의 위치를 파악하 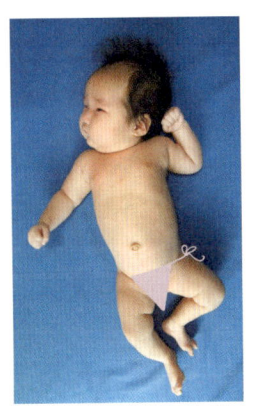 게 되면서 점차 사라진다. 하지만 뇌성마비가 있는 경우에는 오래 지속될 수 있다.

● 인형눈반사

인형눈반사 여부로도 전정감각의 성숙을 확인할 수 있다. 인형눈반사가 있는 아기는 누워서 고개를 돌릴 때 눈동자가 고개를 돌리는 방향으로 따라오지 못한다. 인형눈반사는 대개 생후 20주면 사라지는데 그 후에도 남아 있다면 전정감각 성숙에 이상이 있을 수 있으므로 전문가의 상담을 받아보는 것이 좋다.

● 바빈스키Babinski반사

아기의 발바닥을 간지럽히면 발가락을 부챗살처럼 펴는데 이를 바빈스키반사라고 하며, 생후 8~12개월 사이에 사라진다. 생존과는 관련 없는 반사이나 아기의 신경 이상 여부를 판단하는 지표가 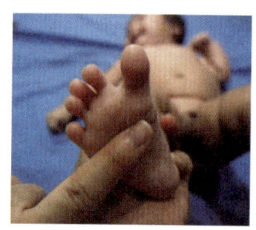 된다. 반사행동을 통제하는 뇌가 발달하면서 이 원시반사는 점차 사라지므로 생후 12개월 후에도 바빈스키반사가 사라지지 않는다면 중추신경계 이상을 의심해 볼 수 있다.

1개월 우리 아기 무엇을 할 수 있나?

엎드려서 고개를 조금 들어 올려요

1개월·4주   **기기**

생후 1개월 된 아기를 엎드려놓으면 안정적으로 엎드려 있기보다는 버둥거리며 균형을 잡지 못하는 불안정한 모습을 보인다. 이는 움직임을 통제하는 감각이 아직 제대로 발달되지 못했기 때문이다.

이 시기에 아기는 목을 안정적으로 가눌 수 없지만 엎드려 놨을 때 머리를 잠시나마 들어 올려 좌우를 살펴볼 수는 있다. 고개를 들어 올릴 때 아기의 체중은 옆에 놓인 팔과 가슴에 실리며 다리는 마치 기듯이 구부렸다 편다. 이렇듯 다리를 의지와는 상관없이 움직이는 것을 '원초적인 기기'라고 부르는데 시간이 지날수록 이러한 움직임은 사라지고, 아기는 자기 의지대로 몸을 움직일 수 있게 된다.

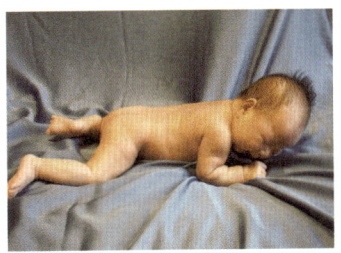

최근 수많은 아동발달 관련 서적을 통해 아기를 엎드려놓는 것이 얼마나 중요한지 널리 알려져 있지만, 아직도 아기를 엎드려놓기 꺼리는 양육자가 많다.

가장 큰 이유는 아기가 울어서일 것이다. 태내에서 웅크려 있던 아기에게 엎드린 자세는 무척이나 낯설고 불편하다. 때문에 처음부터 장시간 아기를 엎드려놓기보다는 매일 조금씩 엎드려 지내는 시간을 늘려나가는 것이 좋다.

또 하나의 큰 이유는 질식에 대한 우려일 것이다. 아기를 엎드려놓았을 때에는 호흡을 잘 유지하고 있는지 확인하는 것이 중요하다. 엎드려놓은 곳이 푹신한 이불이라면 숨 쉬기 어려울 수 있으므로 특히 더 주의해야 한다.

하지만 엎드린 자세는 아기가 이후 목을 가누고 상체를 드는 데 기초가 되는데, 목 가누기와 상체 들기는 생후 1년 동안 아기가 이루는 움직임 발달의 근간을 이룬다. 그러므로 아기가 충분히 엎드려 있도록 신경을 쓰자.

고개를 잠깐씩 가운데에 둬요

1개월·4주 **앉기**

생후 1개월 된 아기는 양육자를 응시하기 위해 몇 초간 머리를 가운데 놓을 수 있지만, 그 자세를 오래 유지하지는 못한다. 또한 이 시기에 아기 머리는 대개 한쪽 방향으로 쏠리게 되므로 아기의 머리 모양에 신경 써야 한다.

  천장만 보고 누워 있으면 뒤통수가 납작해질 수 있고, 한쪽 옆으로만 돌리고 있으면 그쪽 머리가 눌리게 된다. 이렇게 머리가 한쪽만 계속 눌리면 연관된 뼈와 뇌도 함께 눌려 균형적으로 발달하기 어렵다. 또한 성장 이후 머리 모양뿐 아니라 얼굴도 비대칭이 될 수 있다.

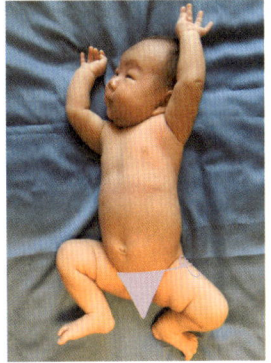

  또한 이 시기에 아기를 눕혀놓으면 양쪽 무릎과 발등이 바깥쪽으로 굽어지고 아기가 버둥거리며 온몸을 한꺼번에 움직이는 것을 볼 수 있다. 이는 의식적이라기보다는 반사작용에 의해 몸을 움직이기 때문에 나타나는 자연스러운 모습이다.

고개를 한쪽으로만 돌리고 있는 우리 아기, 이렇게 도와줘요!

   1. 아기를 좌우로 고르게 눕혀줘요.

   2. 기능성 베개로 머리를 받쳐줘요.

   3. 엎드려놓아요.

다리를 구부리고 펴요

1개월 · 4주   걷기

1개월이 된 아기는 깨어 있는 동안 가만히 있지 않고 팔과 다리를 버둥거리며 관절을 구부리거나 편다. 누워 있는 상태에서 균형을 잡을 수 없기 때문에 대부분 몸통을 비스듬히 하여 누워 있다.

이 시기에 이르면 아기의 관절이 조금씩 펴지면서 고관절이 선천적으로 탈구되어 있는지 확인할 수 있다. 선천성 고관절 탈구는 유전과 환경 요인 등에 의해 발생하는데, 초산이거나 다리를 편 자세로 아기를 기르는 경우 고관절 탈골이 생기기 쉽다. 또한 대개 여자아기에게서 발생률이 높은 것으로 보고되고 있다.

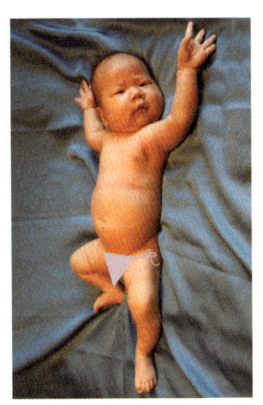

아기의 형제자매 중에 고관절 탈구가 나타난 적이 있다면 조기에 검사해 보는 것이 좋다. 정형외과나 소아과에서 정밀 검사를 받을 수도 있지만 집에서 간단하게 검사할 수도 있다.

센터를 찾은 세 살~네 살 아기들 중에는 영아기 때 선천성 고관절 탈구인 줄 모르고 방치했다가 보행에 문제를 보여 찾아오는 경우가 꽤 많다. 선천성 고관절 탈구는 조기에 발견하면 천으로 만든 보정기구를 이용하여 빠져나간 관절을 끼워 넣는 방식으로 간단히 교정할 수 있다. 조기에 발견할수록 더 빨리 치료되므로 이 시기에 잘 확인해 두자.

💡 우리 아기 고관절 탈구, 이렇게 확인해요!

1. 기저귀를 갈 때 아기 다리가 바깥으로 잘 벌어지나요?
   ➜ 다리가 바깥으로 잘 벌어지지 않으면 고관절 탈구를 의심해 보세요.
2. 아기를 엎드려 놨을 때 양쪽 엉덩이 주름이 대칭이 되나요?
   ➜ 엉덩이 주름이 비대칭이라면 고관절 탈구를 의심해 보세요.
3. 다음과 같이 했을 때 아기의 양쪽 무릎이 꺾인 각도나 다리 길이가 같나요?
   ① 아기를 눕혀요.
   ② 두 손으로 아기 발목을 잡고 다리를 쭉 편 후 무릎을 구부려요.
   ③ 발뒤꿈치를 엉덩이 쪽으로 밀어요.
   ➜ 양쪽 무릎이 구부러진 각도나 다리 길이가 다르다면 고관절 탈구를 의심해 보세요.

주먹 쥔 손이 느슨해져요

1개월·4주　　**손가락**

생후 1개월이 된 아기는 손가락 관절이 유연해지면서 주먹을 꼭 쥐고 있던 신생아 때보다 주먹을 느슨하게 쥔다. 아기의 손바닥을 손가락으로 건드리면 꽉 잡거나 오므리는 잡기반사는 생후 2~3개월 무렵 없어진다.

이 시기에 아기는 심심하거나 긴장하면 손가락을 빨 수 있다. 손가락을 자주 빤다면 피부 보호를 위해 공갈젖꼭지를 물릴 수 있지만 오래 물리지 말고 잠들면 바로 빼주는 것이 좋다.

💡 우리 아기 손 관절, 잡기반사로 발달시켜요!

① 놀이하는 것처럼 즐겁게 아기 손바닥을 손가락으로 자극하면 아기는 손가락을 잡았다가 놓아요.
② 처음에는 몇 초씩 잠깐만 하다가 아기가 쥐는 힘이 강해지면 시간을 늘립니다.
③ 하루 5~10회 정도, 한 번에 1분을 넘지 않도록 합니다.

배냇짓을 해요

1개월 · 4주　　**사회성**

생후 3주까지 아기는 배냇짓을 한다. 그것은 양육자를 알아보고 짓는 웃음이 아니라 안면근육 및 신경조직이 발달하는 과정에서 근육이 저절로 움직여 마치 웃는 것처럼 보이는 현상이다. 하지만 아기의 배냇짓에 양육자가 같이 웃어주면 아기는 점점 양육자의 웃음을 따라 웃게 된다.

또한 수유하는 동안 아기를 쳐다보면 아기는 양육자를 똑바로 쳐다보고 양육자의 소리에 귀를 기울인다. 이때 부드러운 목소리로 아기에게 말을 걸면 아기가 그 말에 귀 기울이는 것을 느낄 수 있을 것이다.

수유하는 동안 TV를 보거나 전화통화를 하는 사람이 있다. 하지만 대화하는 중에 상대방이 TV를 보거나 다른 사람과 통화한다면 누구라도 기분이 좋지 않을 것이다. 아기도 마찬가지다. 수유할 때 양육자가 다른 데 신경 쓰는 것은 아기에게 기분 좋은 일이 아니다. 수유하는 시간은 아기와 집중적으로 상호작용하는 시간임을 잊지 말자.

수유하는 시간 외에도 아기를 안고 있을 때면 말을 건네자. 아기가 눈으로 양육자를 볼 수 있도록 하고 차분한 목소리로 말을 거는 것은 아기의 시청각 훈련에 도움이 된다. 아기가 말을 하지 못한다고 못 알아듣는다고 생각해서는 안 된다. **아기는 양육자의 말을 듣고 언어를 배우므로** 아기와의 대화는 언어 발달에 매우 중요하다.

우리 아기와 이렇게 이야기해요!

아기와 함께 보고 만질 수 있는 것에 대해 이야기해요. 예를 들어, 아기 손을 잡고 '우리 아가 손 여기 있네. 손가락이 하나, 둘, 셋, 넷, 다섯, 다섯 개가 있네' 하는 식으로 이야기하면 화제 찾기도 어렵지 않고 아기도 쉽게 공감할 수 있어 좋습니다.

1개월 된 우리 아기에 대해 궁금한 것들

❓ 우리 아기는 왜 이렇게 울까?

이 시기에 울음은 아기의 유일한 소통 수단이다. 따뜻하고 조용하고 어두운 자궁을 벗어나 밝고 시끄럽고 과도한 자극의 세계에 발을 디딘 아기는 울음으로 원하는 것을 표현한다.

그러니 아기의 울음이 어떠한 의미인지 이해하기 위해 세심하게 관찰해야 한다. 아기가 보내는 신호 속에 담긴 욕구를 파악하여 충족해 주면 아기는 만족스럽고 건강하게 잘 자란다. 그러나 그러지 못하면 아기는 불만·불안·짜증으로 고통받고 발육도 늦어져 여러 가지 문제를 겪을 수 있다.

또 아기가 울 때 부드러운 목소리로 양육자의 얼굴을 익힐 수 있도록 얼굴을 가까이 하면서 아기를 따뜻하게 안아주는 것이 좋다. 그럴 때 쓰다듬어 주고, 뽀뽀하는 등 신체접촉을 충분히 하면 유대감과 친밀감을 형성할 수 있다.

아기의 건강한 성장에 신체접촉만큼 중요한 자극은 없지만 아기를 너무 안고만 있는 것도 좋지 않다. 아기는 바닥에서 스스로 움직일 수 있는 시간을 충분히 가져야 하는데, 예쁘다고 안고만 있으면 그 중요한 기회가 박탈되기 때문이다. 하루 종일 안겨 있는 아기보다 스스로 움직일 수 있는 시간을 많이 가진 아기가 더 잘 발달할 수 있음을 꼭 기억하자.

우리 아기는 정상적으로 자라고 있을까?

일반적으로 월령에 따른 성장 유형이 있는데, 앞으로 소개될 내용을 참고하여 우리 아기가 그 유형에서 크게 벗어나지는 않는지 확인할 수 있을 것이다. 아기 발달 과정에는 일련의 순서와 시기가 있지만 개인마다 독특한 발달 이정표를 가지고 있다. 예를 들어, 37주 이전에 분만된 조산아의 경우 또래보다 발달하는 데 시간이 더 걸릴 수 있고, 체중이 표준보다 적은 아기의 경우 환경에 적응하는 데 시간이 걸릴 수 있으므로 너무 조급해하지 않아도 된다.

무엇을 할 수 있나?

엎드려서 고개를 제법 높이 들어요

2개월·8주   기기

아기는 엎드려서 이전보다 머리를 조금 더 들어 올릴 수 있다. 머리를 중앙으로 치켜 올리면서 동시에 팔로 몸을 잠시 지탱할 수도 있다. 그리고 팔다리를 느슨하게 편다.

이때 아기가 고개를 한쪽 방향으로만 돌리고 있으면 목근육(경추 부위)이 불균형하게 발달할 수 있으므로 양쪽 방향으로 고르게 돌릴 수 있도록 도와줘야 한다.

또한 아기가 고개를 잘 들지 못한다면 관련 지지근육을 강화해 주는 게 도움이 된다.

 고개를 한쪽으로만 돌리는 우리 아기, 이렇게 도와줘요!

1. 아기가 잘 때는,
   고개를 잘 돌리지 않는 방향으로 수시로 고개를 돌려줘요.

2. 아기가 깨어 있을 때는,

억지로 고개를 돌리기보다 좋아하는 장난감으로 고개 돌리는 방향을 바꾸도록 유도해요.

💡 고개 못 드는 우리 아기, 목의 지지근육을 튼튼하게 만들어줘요!

1. 고개를 옆으로 돌려 눌러줘요.

① 아기를 엎드려놓고, 고개를 오른쪽으로 돌려놓아요.
② 한 손으로는 아기의 머리를, 다른 한 손으로는 등을 3초간 지그시 눌러줘요.
③ 고개를 왼쪽으로 돌리고, ②를 반복해요.

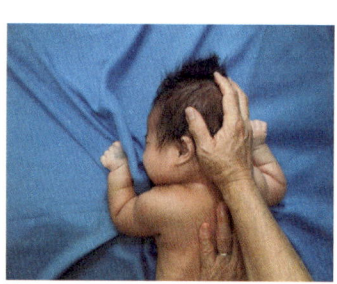

④ 고개를 번갈아 가며 각 방향으로 3번 반복해요.

2. 손을 당겨 일으켜줘요.

① 양육자가 무릎을 세워 앉은 후 아기를 다리 위에 눕혀요.
② 양손으로 아기의 양손을 맞잡고 가슴 쪽으로 아기의 팔을 끌어당겨 아기가 고개를 들도록 유도해요.
③ ②번 동작을 3초씩 5번 반복해요.

* ②번 동작을 할 때 아기가 잘 따라오지 못하면 우선 한 손으로는 아기의 손을 모아 잡고 다른 한 손으로는 뒷목을 받치고 살짝 들어 올리는 연습을 먼저 한 후 익숙해지면 다시 시도해 봅니다.

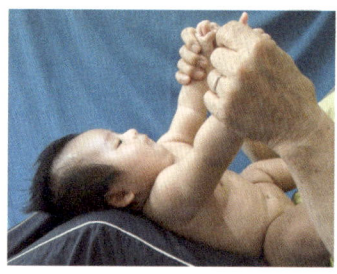

3. 가슴을 들어줘요.

① 아기를 엎드려놓고, 팔을 앞으로 빼 팔꿈치가 어깨 앞으로 오게 해요.

② 한 손으로는 아기의 엉덩이를 누르고, 다른 한 손으로는 아기의 가슴을 받치고 아기의 상체를 30도 정도 올려줘요. 이때 상체를 무리하게 올리지 않도록 주의합니다.

③ ②번 동작을 3초씩 5번 반복해요. 아기가 힘들어하면 처음엔 아주 잠깐만 올렸다가 아기의 반응을 봐가며 차츰 시간과 횟수를 늘려갑니다.

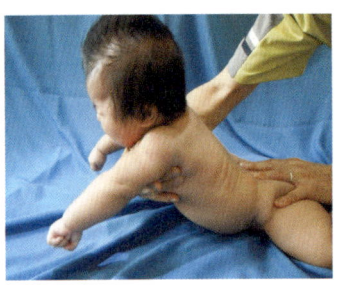

* '가슴 들기'는 이후 월령에서 아기가 상체를 제대로 못 들어 생기는 여러 가지 문제에 도움을 줄 수 있으므로 잘 기억해 둡시다.

누워 있을 때 팔과 다리를 버둥거려요

2개월·8주   앉기

이 시기에 누워 있는 아기를 보면 팔과 다리를 구부리며 버둥거리는 모습을 많이 볼 수 있을 것이다. 아직 누운 자세로 균형을 유지하기 어렵기 때문에 보이는 모습인데, <u>아기 스스로 균형 잡는 연습을 하는 과정이므로 똑바로 눕지 못한다고 걱정하지 않아도 된다.</u>

또한 아기는 누워서 점점 더 많이 주변 환경을 알아본다. 예를 들어, 양육자의 얼굴이나 사물을 보면 그것을 잡으려고 몸 전체를 버둥거리며 소리에 반응하기도 한다.

머리, 가슴 중앙, 배꼽이 일직선상에 위치해요

2개월·8주　　걷기

이 시기에 아기를 눕혀놨을 때 아기의 머리, 가슴 사이, 배꼽이 일직선으로 균형감 있게 이어지는지 살펴보자. 만약 몸통을 중심으로 좌우가 비대칭이라면 골반이나 어깨가 틀어져 있는지 확인해 봐야 한다. 골반이나 어깨가 틀어져 있다면 척추가 원활히 발달하지 못하여 훗날 기거나 걷는 자세가 이상해질 수 있다.

걸음걸이가 이상한 두 살 된 남자아이가 센터를 찾아온 적이 있었다. 아이는 앞으로 한 발자국씩 이동할 때 등과 무릎을 과도하게 구부리고 걸었다. 아이들은 원래 성인에 비해 걸음걸이가 어색하긴 하지만 두 살에 이르도록 그런 자세로 걷는다면 문제가 있는 것이다.

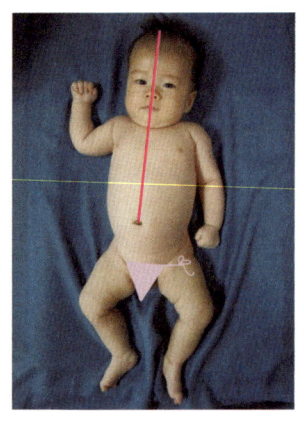

아이의 발달 과정을 확인해 보니, 영아기 때부터 골반이 틀어져 있었음을 알 수 있었다. 이후 골반 교정을 위해 마사지와 운동을 병행했고, 다행히도 아이는 오래지 않아 정상적인 모습으로 걸을 수 있게 되었다.

우리 아기 골반·어깨 비틀림, 이렇게 확인해요!

아기를 눕혀놨을 때 골반이나 어깨의 좌우가 대칭을 잘 이루고 있나요? 한쪽이 다른 쪽에 비해 올라가거나 내려갔다면 골반이나 어깨가 틀어진 겁니다.

손가락을 자주 펴요

2개월 · 8주　　**손가락**

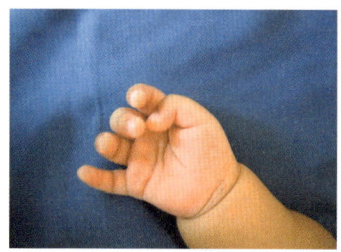

아기는 1개월 때에 비해 손가락을 더 자주 편다. 또한 더 잘 응시하며, 관심이 가는 사물이나 사람을 향해 팔다리를 움직이면서 반응한다. 이러한 활발한 움직임은 사물에 대해 관심이 있으나 아직 잡을 수 없기 때문에 나타나는 반응이다.

이 시기에는 아기의 미세근육과 말초신경이 왕성히 발달하므로 이에 도움이 되는 동작을 연습하게 하자.

 우리 아기 미세근육 · 말초신경 발달, 이렇게 도와줘요!

1. 딸랑이를 흔들어요.

    아기가 딸랑이를 흔들 줄 모르면, 양육자가 아기 손을 잡고 딸랑이를 흔들어 소리 내는 방법을 보여주면 아기가 금방 따라 합니다. 딸랑이는 아기의 손 동작뿐만 아니라 흔들면 소리가 나 청각도 발달시키는 좋은 장난감입니다.

2. 아기를 똑바로 눕히고 아기의 양손이나 양발을 맞부딪혀 줘요.

이때 '우리 아기 손/발 어디 있나? 여기 있네' 하는 식으로 말을 걸어 놀이하듯 하면 아기가 자기 신체구조를 인지(신체도식身體圖式, body schema)하는 데 도움이 됩니다. 반복할수록 아기 뇌 속 신경회로가 발달하니 밝고 리듬감 있는 목소리로 여러 번 되풀이해 줍니다.

소리가 나면 귀를 기울여요

2개월·8주   **감각·지각**

아기는 사물의 소리에 관심을 가지며 가까이서 소리가 나면 조용히 듣기도 한다. 특히 사람의 말소리에 흥미를 느끼며 소리가 나는 쪽으로 머리를 움직이기도 하고, 이야기에 귀를 기울이는 듯 보이기도 한다. 단순한 어조보다는 높낮이나 강약이 있는 말소리에 관심을 가지므로 노래를 불러주면 청각 발달에 좋다. 생후 8주 정도부터는 남자와 여자의 목소리를 구별할 정도로 청각이 발달한다.

이 시기에 아기가 소리에 반응하지 않는다면 청력이 약한지 확인해 봐야 한다.

우리 아기 청력, 이렇게 확인해요!

① 아기 귀에서 10cm 정도 떨어진 곳에서 딸랑이를 흔들어 보아요.

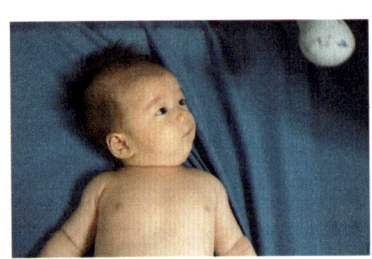

② 아기가 ①에 반응을 보이면 30cm 정도 떨어져서 다시 흔들어 보아요. 아기가 가까이서 나는 소리에는 반응을 보이고 멀어질수록 반응을 보이지 않는다면 난청일 수 있습니다.

이런 경우 전문기관에서 정밀검사를 받아보는 것이 좋습니다.

* 보건복지부는 신생아청각선별검사(난청조기진단사업)를 시행하고 있는데, 거주하고 있는 시군구 보건소에서 받을 수 있으며 저소득층(국민기초생활보장 및 의료급여 보장가구, 소득이 최저생계비의 200% 이하인 가구)의 경우 검사비를 지원받을 수 있습니다. 관할 보건기관(http://www.g-health.kr에서 확인)에 연락하면 자세한 안내를 받을 수 있습니다.

양육자를 따라 고개를 돌려요

2개월·8주　　**사회성**

이 시기에 아기의 시선은 양육자를 향한다. 양육자가 고개를 움직이면 아기 역시 고개를 돌리며 양육자의 얼굴을 따라간다. 정상적으로 발달이 이루어진 경우 양육자를 따라 양방향으로 고개만 돌리는 것이 가능하지만, 발달이 미숙한 경우에는 몸과 머리가 함께 움직인다.

아기가 양육자의 얼굴이나 사물을 응시하는 것은 타인이나 사물에 대해 호기심을 갖기 때문인데, 지각 발달뿐만 아니라 사회성 발달에도 중요하다. 그러므로 아기가 깨어 있는 시간에 감각자극을 충분히 주어 지각과 사회성을 발달시키도록 한다.

💡 **고개와 몸이 함께 움직이는 우리 아기, 이렇게 도와줘요!**
　　아기가 좋아하는 장난감을 보여주어 고개를 좌우로 움직이는 연습을 시켜줘요.

💡 **우리 아기 사회성 발달, 이렇게 도와줘요!**
1. 아기와 대화해요.
　　대화는 아기의 감각을 자극하는 가장 좋은 방법입니다. 아기에게 '오늘 기분이

어때?'와 같은 질문을 하고 아기가 대답할 시간을 줍니다. 아기가 소리를 내어 반응한다면, '정말? 나도 오늘 기분이 좋아' 등과 같이 대답하고 칭찬해 줍니다. 아기와 대화할 때는 주변 소음을 없애고 부드럽고 애정 어린 목소리로 대화에 집중합니다.

2. **아기를 눕혀놓고 수건으로 아기 얼굴을 반쯤 가려요.**

   아기가 스스로 수건을 피하기 위해 고개를 돌리며 움직이는 능력을 키울 수 있는 놀이입니다. 이때 수건이 아기 코를 막으면 호흡을 곤란하게 만드니 코를 막지 않도록 주의해야 합니다. 발달이 빠른 아기는 수건을 잡아 끌어당기기도 하는데, 이럴 때는 칭찬하여 아기의 행동을 격려해 줍니다.

3. **기저귀를 갈 때 손바닥으로 쓰다듬어 주고 눈을 맞춰요.**

2개월 된 우리 아기에 대해 궁금한 것들

⇨ 우리 아기 무얼 볼 수 있을까?

1개월에 비하여 시각이 발달한 아기는 전체적 윤곽에서 더 나아가 눈, 코, 입 등 세세한 부분을 인식한다. 이 시기에 아기는 초기에 좋아하던 단순한 모양이나 색에서 벗어나 다채롭고 다양한 형태의 사물에 관심을 가지니 아기가 다양한 장난감을 보고 만질 수 있도록 해주자.

⇨ 우리 아기 감각기관은 어느 정도 발달해 있을까?

아기는 누워서 흔들거리는 모빌을 바라보다 손을 뻗어 만져보려고도 할 텐데, 이 시기에는 아기의 협응이 발달하여 이전보다 팔과 다리의 움직임이 부드러워진다. 협응은 손발과 같은 신체기관과 시각 등의 감각이 조화롭게 작용하여 정확한 동작을 해내는 능력을 뜻하는데, 정상 발달의 중요한 지표이다.

⇨ 우리 아기 소근육은 어느 정도 발달해 있을까?

소근육이 충분히 발달하지 않아 이 시기에 아기는 물건을 움켜쥘 수는 있지만 자연스럽게 놓지 못한다. 아기가 머리카락을 움켜쥐고 놓지 않는 것을 한 번쯤 경험해 보는 것도 이 시기의 일이다.

우리 아기는 얼마나 일정하게 자게 될까?

아기에게 자는 것은 가장 중요한 일이다. 하지만 자는 데 일정한 유형을 형성하기까지는 꽤나 오랜 시간이 걸린다.

아기의 수면 유형은 수유 유형과 어느 정도 관련이 있다. 아기가 태어난 지 얼마 안 되었을 때는 하루 8~10번 정도 젖을 먹으려 하다가 백일 정도가 지나면 하루 6~8번으로 그 빈도가 줄어드는데, 모유를 먹는 아기는 분유를 먹는 아기보다 더 자주 먹으려는 경향이 있다. 이에 따라 24시간 중 16~17시간을 자지만 밤낮 수시로 깨는 신생아 때와는 달리, 생후 6~8주가 지나면서부터는 일정한 수면 유형을 형성하기 시작해 낮보다 밤에 더 오래 자기 시작한다. 하지만 젖 또는 분유를 먹기 위해 밤에도 주기적으로 깨므로 실제로 낮에는 깨어 있고 밤에는 깨지 않고 자는 유형이 확립되는 데에는 수개월이 걸린다.

낮에는 집 안을 밝게 하고 아기와 많이 놀아주며, 밤에는 어둡고 조용한 분위기를 만들면 아기가 낮과 밤을 구별하는 데 도움이 된다.

무엇을 할 수 있나?

목을 가눠요

3개월·12주 기기

목을 가눌 수 있게 되는 이 시기는 아기의 신체 발달에서 가장 중요한 시기라고 볼 수 있다.

　목을 가눈다는 것이 정확히 어떤 것인지 잘 모르는 양육자가 의외로 많다. 목을 가누는 것은 고개를 똑바로 드는 것을 말한다. 아기가 엎드려 있을 때 고개를 똑바로 들거나, 누워 있는 아기 손을 잡아 끌어 올릴 때 고개를 뒤로 젖히지 않고 턱을 앞으로 당겨 일어날 수 있다면 목을 가눈다고 할 수 있다.

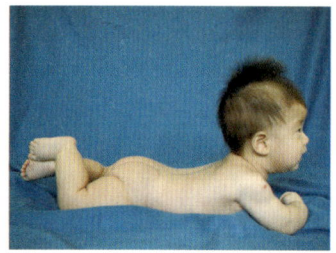

　목 가누기가 중요한 이유는 중추신경계가 성숙했음을 나타내는 지표로서 발달의 정상과 비정상을 판별할 수 있게 해주기 때문이다. 정상적으로 발달하는 아기의

경우 백일경, 늦어도 4~5개월에는 목을 가눌 수 있다. 하지만 6개월이 지나서도 아기가 목을 가누지 못하면 발달장애를 의심해 봐야 한다.

정상적으로 목을 가눌 수 있는 아기는 사진과 같이 엎드려 있을 때 머리를 들어 올리고 앞을 주시하기도 하며 고개를 좌우로 돌릴 수도 있다. 이러한 자세를 유지하기 위해서 대개 아기들은 양 팔꿈치를 어깨보다 앞에 놓고 상체를 지탱한다. 또한 옆에서 보면 팔꿈치, 겨드랑이, 가슴이 정삼각형 모양을 이루고 있다.

처음에는 아기가 목을 가누는 것이 서툴러 보일 수 있으나 스스로 몇 번씩 시도하면서 안정적인 자세를 찾으니 나서서 미리 도와주지 말고 지켜보자.

이 시기에 목을 가누지 못하면 평형감각(전정감각계) 반응이 정상적으로 이루어지지 않아 이후 발달이 늦어질 수도 있다. 그러므로 아기를 충분히 엎드려놓아야 한다. 아기가 울면 금세 눕혀놓고는 다시 엎드려놓기를 꺼리는 양육자가 많은데, 아기들에게 엎드려 있기는 목 가누기와 기기 연습의 기초가 되는 중요한 자세임을 잊지 말자.

센터를 찾은 아이들 중에는 이 시기에 엎드려 있지 않고 내내 누워만 있었던 경우가 참 많다. 수업에 집중하지 못하고 산만하고 공격적인 초등학생 남자아이가 센터를 찾아온 일이 있었다. 아이는 초등학생이 되도록 목을 제대로 가누지 못했고, 손으로 물건을 잘 잡지도 못했으며, 소화기관이 좋지 않아서 변비가 심했다.

우선 아이가 목을 가눌 수 있도록 엎드려서 상체를 드는 동작을 지도했다. 처음에는 힘이 없고 서툴렀으나 반복하니 차츰 능숙해졌고, 자연스레 소화기관이 자극되어 변비가 없어졌다.

또한 매달리기를 시켜 손힘을 기르고 트램펄린이나 매트에서 뛰어 놀며 다양하게 움직이도록 지도한 결과 1년 후 아이는 학교에서 놀라운 적응력을 보였다.

 상체가 무너지는 우리 아기, 이렇게 도와줘요!

팔꿈치로 지탱하는 힘이 부족하면 상체가 무너질 수 있어요. 이럴 때는 엎드려 있는 아기의 머리 앞쪽에 앉아서 아기가 팔꿈치를 지탱하도록 잡아줍니다.

 우리 아기 목 가누기, 이렇게 확인해요!

1. **마주 보고 양손을 잡고 끌어 올려요.**

    ① 아기를 눕혀놓아요.

    ② 아기의 다리 쪽에 앉아 아기의 양손을 잡고 끌어 올려요. 이때 오른쪽 사진과 같이 머리가 뒤로 젖혀진다면 아기는 목을 가누지 못하는 겁니다.

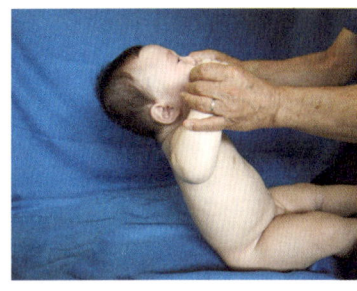 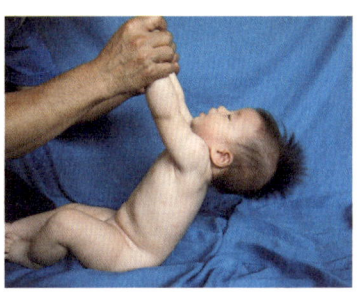

2. 등 뒤에서 양손을 잡고 끌어 올려요.

① 아기를 엎드려놓아요.

② 아기 등 위에서 아기의 양손을 잡고 위로 끌어 올려요. 이때 아기가 머리를 위로 들며 앞을 바라보지 못하면 목을 가누지 못하는 겁니다.

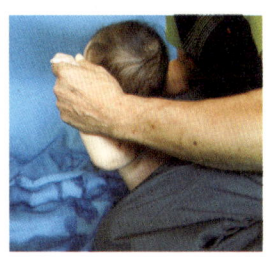

 엎드려놓으면 우는 우리 아기, 이렇게 도와줘요!

1. **처음엔 잠깐만 엎드려놓아요.**

   아기가 익숙해지면 시간을 늘려갑니다.

2. **아기가 엎드려 있을 때 심심해하지 않도록 놀아줘요.**

   아기는 엎드려 있는 것을 즐거운 놀이로 느낍니다.

누워 있을 때 다리를 구부려요

3개월 · 12주　　**앉기**

2개월까지는 똑바로 누울 수 없었던 아기가 3개월이 되면 똑바로 눕는다. 이때 사진처럼 다리는 자연스럽게 구부러진다. 그러지 않고 다리를 바깥쪽으로 뻗치고 있다면 문제가 있을 가능성이 크다.

발달장애 때문에 센터를 찾아왔던 한 아이는 아기 때 다리를 뻗치며 전반적으로 경직되어 있었는데, 엄마는 아이가 힘이 좋아서 다리를 뻗치는 것인 줄 알았다고 했다. 하지만 힘이 좋은 것과 신경계의 발달 미숙으로 다리를 뻗치는 것은 다르다. 힘이 좋아도 관절을 구부릴 수 있기 때문이다.

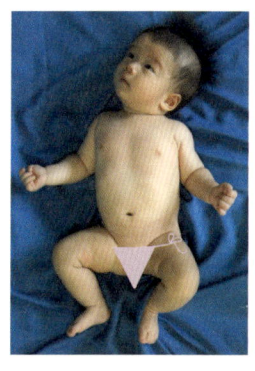

따라서 3개월, 늦어도 4개월에 무릎을 자연스럽게 구부리지 못한다면 전문가의 진단을 받는 것이 좋다. 전정기관이 신경계와 균형감각을 통제하지 못할 때 발을 뻗치는 일이 적지 않기 때문이다.

무릎을 못 굽히고 다리를 못 드는 우리 아기, 이렇게 도와줘요!

1. '양다리 구부리기'를 해줘요.

    ① 아기를 바르게 눕혀요.

    ② 양손으로 아기의 발을 잡고 양다리를 쭉 편 후 90도 정도 구부려 줘요. 이때 고개는 가운데에 있도록 합니다.

    ③ ②의 동작을 반복해요.

    * 간단한 동작이지만 놀이하듯이 하면 아기가 다리를 올릴 수 있도록 뇌에 자극을 줄 수 있습니다.

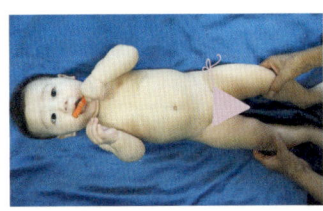

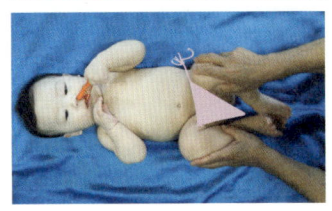

2. '양다리 들어 올리기'를 해줘요.

    ① 아기를 바르게 눕혀요.

    ② 한 손으로는 아기의 배를 살짝 누르고, 다른 한 손으로는 아기의 양 발꿈치를 잡아 다리를 60도 정도 들어 올리고 3초 정도 버틴 후 천천히 내려놓아요.

    ③ 놀이하듯 천천히 반복하며 차츰 버티는 시간을 늘려가요. 하지만 연속하여 30초를 넘지는 않도록 합니다.

    * 이렇게 하면 허리를 지지하는 근육이나 복근처럼 다리와 연결된 근육이 잘 긴장할 수 있도록 자극해 아기가 다리를 들어 올리는 데 도움이 됩니다.

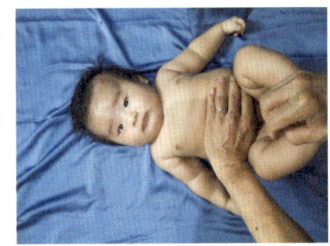

안정적으로 누워 있어요

3개월·12주   걷기

이 시기에 아기를 눕혀놓으면 스스로 몸의 중심을 잡을 수 있어 몸 전체를 버둥거리지 않고 안정적으로 누워 있는다. 이때도 몸 가운데를 중심으로 좌우가 대칭되는지, 고개가 비뚤어져 있지 않은지 확인하자.

양손을 잘 사용하지 못하던 5개월 아기가 센터를 방문한 적이 있었다. 아기는 누워 있을 때 고개도 살짝 비뚤어져 있었다.

아기 아빠는 그보다 훨씬 전부터 아기의 고개가 비뚤어져 있다고 느꼈지만, 금방 낫겠거니 하고 대수롭지 않게 여겼다고 한다. 그러나 관찰한 결과 아기의 팔신경얼기가 손상되어 양손을 잘 사용하지

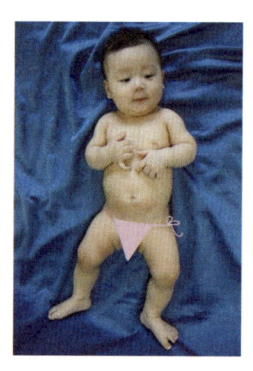

못하고, 고개도 비뚤어져 있었던 것이다 (팔신경얼기에 대해서는 94쪽에 다시 다룰 것이다).

특히 고개가 비뚤어져 있는 것은 발달에 좋지 않으므로 신경 써서 살펴보는 것이 좋다. 고개가 비뚤어지는 데는 팔신경얼기 말고도 다양한 원인이 존재한다. 예를 들어,

아기가 누워 있을 때 엉덩이가 바닥에서 약간 떠 있거나 목근육들이 제 기능을 못 해도 고개가 비뚤어질 수 있다.

따라서 이 시기에 아기가 누워 있을 때 코, 턱, 배꼽이 일직선에 위치하는지 잘 확인한다면 고개나 골반이 비뚤어졌는지 조기에 발견해 쉽게 바로잡아 줄 수 있을 것이다.

고개 · 골반이 비뚤어진 우리 아기, 이렇게 바로잡아 줘요!

아기를 바르게 눕혀놓고 장난감처럼 아기가 흥미를 가질 수 있을 만한 것으로 아기가 고개를 정가운데 두도록 유도해요. 이때 아기의 시선이 금방 분산될 수 있으니 아기가 흥미를 잃지 않게 아기와 눈을 맞추고, 다정하게 이름을 부르고, 아기의 행동에 반응해 줍니다.

양손을 얼굴 앞으로 가져와요

3개월·12주 **손가락**

백일 정도가 되면 대부분의 아기는 양손을 얼굴 앞으로 가져온다. 이는 손끼리 협응이 이루어지고 있다는 증거이다.

협응이 이루어지지 않을 때는 한쪽 팔만 사용하는 경우가 많다. 그러므로 아기를 눕혀놨을 때 양손을 얼굴 앞에서 가지고 노는지 꼭 확인하자.

이 시기에 아기는 양손을 입으로 가져가 빨기도 한다. 이는 빨기반사 때문에 보이는 동작인데, 빨기반사는 구강을 통해 사물이나 신체를 인식해 가는 과정이며 태어날 때부터 지닌 본능이므로 욕구가 충족되도록 놔두는 것이 좋다.

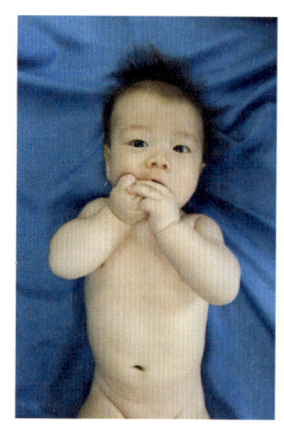

일반적으로 생후 6개월 정도가 지나면 손가락 빨기는 차츰 줄어들므로 걱정하지 않아도 된다.

생후 3개월에 이르면 손가락의 관절과 미세근육이 더욱 발달하여 아기는 이전과는 달리 손가락을 활발하게 움직인다. 그러므로 이 시기에는 아기가 손가락과 손바닥을 펴 활발하게 움직이는지 잘 살펴보아야 한다. 발달이 미숙한 경우 손가락을 펴기보다 주먹을 쥐고 있을 것이다.

센터에서 만난 대부분의 발달장애 아동들은 영아기 때부터 손가락을 펴지 못하고 주먹을 쥐고 있었다. 대개 발달의 중요한 시기가 이미 오래전에 지난 때에 센터를 찾아왔기에 아이들의 손가락 관절을 유연하게 해주기란 쉽지 않았다. 아동기에 이르면 손가락을 펴는 데 오랜 시간이 걸리지만, 영아기에 잡아준다면 그리 오래 걸리지 않는다.

아기가 3개월이 지나도록 손을 펴지 못하면 손가락과 손바닥을 마사지해 주는 것이 도움이 된다.

 우리 아기 손가락,

마사지해서 펴줘요!

① 아기의 주먹 쥔 손에 양육자의 엄지를 부드럽게 밀어 넣어요.

② 엄지를 손바닥에서 손가락 방향으로 부드럽게 쓸어줘요.

③ 아기의 엄지를 펴줘요.

* 마사지하기 전에 반드시 손을 깨끗이 씻어야 합니다. 아기는 손을 자주 빨기 때문에 깨끗하지 않은 손으로 마사지를 하면 균에 쉽게 감염될 수 있습니다.

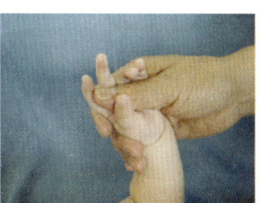

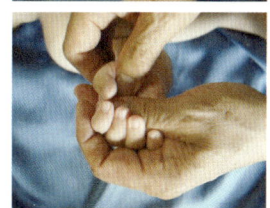

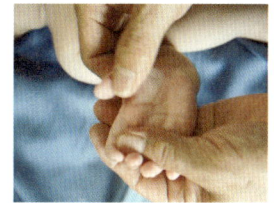

양손 잡고 놀지 않는 우리 아기, 이렇게 도와줘요!

① 아기를 눕혀놓고 아기와 마주 봐요.

② 아기의 양손을 감싸서 눈앞에 보여주고, '우리 아기, 손 여기 있네'라고 말해줘요.

③ 아기와 놀이하듯 ②를 반복해요.

④ 아기의 시선과 동작이 서로 협응하는지 살펴봐요.

사물을 또렷이 봐요

3개월·12주   감각·지각

아기의 시각은 사물을 또렷이 알아볼 정도로 발달한다. 그래서 아기는 관심 있는 대상을 따라 시선을 옮길 수 있다. 양육자가 고개를 오른쪽으로 움직이면 아기의 시선도 오른쪽으로 향하고, 왼쪽으로 움직이면 왼쪽으로 향할 것이다. 이 시기에 아기가 눈을 맞추지 않는다면 문제가 있을 수 있다.

미국 예일대학교 의과대학의 프레더릭 식Frederick Shic 박사의 연구팀은 생후 6개월 된 아기가 말하는 사람의 얼굴을 보지 않으면 후에 자폐증 진단을 받을 가능성이 높다는 연구 결과를 발표한 바 있다.

연구팀은 생후 6개월 된 영아 99명에게 표정 없는 얼굴, 웃는 얼굴 그리고 말하는 얼굴을 비디오로 보여주고 아기들을 관찰했다. 시간이 흐른 뒤 영아들이 세 살이 되었을 때 추적조사를 한 결과 자폐증 진단을 받은 아이의 경우 실험 당시 어떤 표정의 얼굴이든 잘 쳐다보지 않았고, 특히 말하는 사람의 얼굴로부터 고개를 돌렸다는 사실을 밝혀냈다. 따라서 늦어도 6개월까지 아기가 눈을 맞추지 않는다면 전문가의 상담을 받아보는 것이 좋다.

맞벌이를 하는 부모가 눈을 맞추지 않는 세 살 된 남자아이와 함께 센터를 찾아온 적이 있었다. 생후 3개월이면 아기에게 그런 문제가 있다는 것을 발견할 수 있는데, 3년이나 흐른 뒤 찾아온 것이다. 부모에게 그 이유를 물으니 3개월쯤엔 아기의 발달이 더딘 줄 알았고, 8개월경엔 병원을 찾아가 상담하니 18개월이 되어야 정확한 진단을 내릴 수 있다는 말을 들었다고 했다. 그러다 시간이 흘렀고, 아이의 문제가 표면에 드러나고 나서야 센터를 찾아온 것이다. 조금 더 일찍 왔더라면 하는 안타까움이 있었던 사례였다.

두세 살이 되어도 눈을 맞추지 않아서 센터에 찾아오는 경우 자기 세계에 갇힌 아이들이 많다. 이 아이들은 눈을 맞추지 못할 뿐 아니라 상호작용을 어려워하고 의사표현에 서툴다. 또한 전반적인 신체발달도 미숙한 편이다.

이렇듯 발달상의 문제는 시간이 흐를수록 물이 번져나가듯 확대되므로 조기에 발견할 수 있도록 신경 쓰자.

사회적 미소를 지어요

3개월 · 12주　　**사회성**

대개 3개월 말쯤 되면 아기는 사물이나 양육자를 향해 웃을 수 있는데, 이를 사회적 미소라 한다. 사회적 미소는 자신이 인식하는 사람과 사물에 반응하며 보이는 행동이라는 점에서 반사적 미소와 크게 다르다.

또한 아기가 다른 사람과 사회적 관계를 맺으려는 경향을 반영하는 것이기에 발달에 매우 중요한 지표가 된다.

이 시기에 이르러서도 표정이 경직되어 있거나 잘 웃지 않는다면 시각이나 촉각에 이상이 있을 수 있다. 시각에 문제가 있는 경우 대상자가 잘 보이지 않기 때문에, 촉각에 문제가 있는 경우 전체적으로 경직되어 있기 때문에 웃지 않을 수 있다.

두 살 된 여자아이가 엄마와 센터를 찾아온 적이 있다. 아이는 걷지 못했고, 감각기관 발달이 전체적으로 미숙했으며, 손발이 차고, 경련을 자주 일으켰다. 몸이 경직돼 있었기 때문에 소화기관 역시

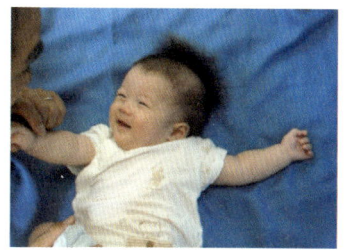

좋지 않았다. 아이는 생후 1년간 목 가누기, 발 빨기, 눈 맞추기 등을 제대로 하지 못했다고 했다.

우선 아이의 전신을 마사지하여 긴장된 근육을 풀어주어 경련을 완화하고 촉감을 느끼도록 했다. 처음 아이는 자기 몸을 만지는 것을 싫어하여 많이 울었지만 점차 다른 사람의 촉감에 익숙해졌고, 마사지받는 것을 즐기게 되었다.

2년 동안 포기하지 않고 꾸준히 교육받은 결과 아이는 눈을 맞추기 시작하더니 그때부터 사람을 보고 미소도 지었다. 조금만 더 늦게 찾아왔다면 더 오래 걸렸을 것이고, 중간에 포기했다면 아이의 미소를 영영 보지 못했을 수도 있다.

이처럼 아기의 사소한 변화라도 발달에서는 중요한 지표가 될 수 있다. 아기의 행동을 세심하게 확인하는 것이 그 무엇보다 중요한 이유다.

 우리 아기 촉각, 이렇게 확인해요!

아기를 눕힌 뒤 머리에서 발끝까지 부드럽게 간지럼을 태워봐요. 아기가 반응을 보이지 않거나 경직되어 있다면 아기의 발달에 다른 이상도 나타날 가능성이 크므로 전문가의 상담을 받아봅시다.

3개월 된 우리 아기에 대해 궁금한 것들

우리 아기는 무얼 할 수 있을까?

3개월이 된 아기는 이전보다 더 활발하게 움직인다. 목과 머리 부위의 근육이 더 강해져 머리를 쉽게 들어 올릴 수 있고, 그럼으로써 새로운 것도 더 많이 보게 된다. 따라서 호기심도 왕성해져 새로운 것을 발견하면 놀라고 좋아한다.

우리 아기 사회성은 어느 정도일까?

3개월 정도가 되면 아기는 양육자를 특별한 사람으로 인식하여, 소리 내고 미소 지으며 양육자와 다양한 애착관계를 형성한다. 이 시기에 아기의 사회성 발달에 큰 영향을 미치는 요인은 뇌의 빠른 발달이다. 두정엽의 발달로 손과 눈의 협응과 사물의 인식이, 측두엽의 발달로 듣기·말하기와 관련된 신체 기능 조절이 향상된 아기는 양육자의 목소리를 들으면 바로 양육자를 쳐다보고 따라서 소리를 낼 것이다. 이때 아기의 소리에 밝은 목소리로 응답해 주면 아기의 언어 발달을 촉진할 수 있다.

무엇이든 입으로 가져가는 것은 괜찮을까?

3~4개월에 들어서면 아기는 무엇이든 입으로 넣는다. 구강의 감각을 통해 사물을 탐색하고 이해하기 때문이다. 이 시기에 아기가 충분

히 빨 수 있도록 기회를 주는 것이 중요하다. 특히 젖을 빠는 것은 아기 머리로 많은 혈액이 공급되게 해 얼굴과 뇌의 근육 발달에 좋다. 또한 자신이 원하는 것을 얻고 있다는 만족감도 얻게 해줘 정서 발달에도 좋은데, 이러한 경험이 부족하면 이후 뭐든 빨려고 하는 습관을 갖게 된다.

또한 이 시기 수유를 규칙적으로 하지 않으면 아기가 신경질적이 되거나 한 번에 많이 먹으려 해서 소화장애를 겪을 수도 있다.

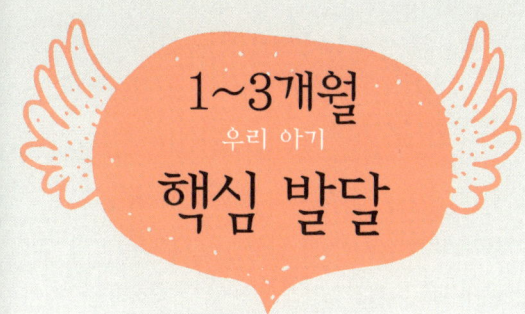

누워서 다리를 올려요

다리를 들어 올리는 것은 무게중심을 머리 쪽으로 이동할 수 있어야 가능한 동작인데, 아기가 생후 8주가 지나서도 다리를 들어 올리지 못하면 균형을 잡지 못하거나 잡아당겼다가(굴곡) 펴는(신장) 근육이 긴장하는 데 이상이 생겼기 때문이라고 볼 수 있다. 특히 다리와 연결된 근육(허리를 지지하는 근육이나 복근)이 제대로 긴장하지 않을 때 다리를 들어 올리지 못한다.

➡ **다리를 들어 올리지 못하는 우리 아기, 이렇게 도와줘요!**

1. '양다리 구부리기'를 해줘요.
   ① 아기를 바르게 눕혀요.
   ② 양손으로 아기의 발을 잡고 양다리를 쭉 편 후 90도 정도 구부려 줘요. 이때 고개는 가운데에 있도록 합니다.
   ③ ②의 동작을 반복해요.

2. '양다리 들어 올리기'를 해줘요.
① 아기를 바르게 눕혀요.
② 한 손으로는 아기의 배를 살짝 누르고, 다른 한 손으로는 아기의 양 발꿈치를 잡아 다리를 60도 정도 들어 올리고 3초 정도 버틴 후 천천히 내려놓아요.
③ 놀이하듯 천천히 반복하며 차츰 버티는 시간을 늘려가요. 하지만 연속하여 30초를 넘기지는 않도록 합니다.

✼ ✼

잘 앉지 못하던 아기

또래에 비해 발달이 늦은 10개월 남자아기가 있었다. 아기는 힘이 없었으며, 잘 앉아 있지 못하고 금세 누웠다.

부모와 상담을 해보니 아기가 누워서 충분히 놀며 허리근육을 발달시키기도 전에 바운서bouncer에 눕히고 보행기에 앉혔기 때문에 앉기에 관련되는 근육들이 충분히 발달할 수 없어서 생긴 문제였다.

아기의 코어근육(허리, 배, 엉덩이 등 몸의 중심부에 있는 근육) 발달을 위해 가장 먼저 아기를 눕혀놓고 다리를 들어 올려주는 동작을 반복했다. 또한 공을 아기의 발바닥에 대고 천천히 들어 올리게 함으로써 스스로 다리를 올릴 수 있도록 도와주었다.

수업이 진행되면서 아기는 쉽게 다리를 들어 올릴 수 있게 되었고, 코어근육이 발달하면서 아기는 차츰 앉는 자세에도 익숙해졌으며, 이후 건강하게 성장할 수 있었다.

이러한 문제를 조기에 잡지 못하면 학교에서 학습하는 데도 문제가 생길 수 있다. 핵심적인 움직임 발달에 관해서는 빠른 문제 해결이 중요한 이유다.

손가락을 펴요

아기의 손가락 움직임은 뇌 발달과 관계되기 때문에 매우 중요한데, 대개는 14주경 양손을 얼굴로 가져올 수 있다. 손가락 움직임에 관여하는 요골신경, 정중신경, 척골신경에 이상이 있을 경우 손가락을 제대로 펴거나 굽히지 못할 수 있다.

▶ 우리 아기 손가락, 마사지해서 풀어줘요!
① 아기의 주먹 쥔 손에 양육자의 엄지를 부드럽게 밀어 넣어요.
② 엄지를 손바닥에서 손가락 방향으로 부드럽게 쓸어줘요.
③ 아기의 엄지를 펴줘요.

블록을 쌓지 못하던 아이

손 동작에 문제가 있던 네 살 된 아이가 있었다. 아이는 물건을 잡고 들어 올리는 것을 어려워하고, 글씨도 알아보기 어렵게 썼으며, 블록을 쌓지 못하고 일렬로 늘어놓기만 했다. 손가락이 경직되어 있었던 것이 원인이어서 아이를 철봉에 매달리게 하고, 손을 폈다가 주먹을 쥐는 동작을 반복하게 해 손힘을 길러주었다. 손가락 움직임이 좋아지자 글씨를 알아볼 수 있게 쓸 뿐 아니라, 조립식 장난감도 조작할 수 있게 되었다.

소리에 귀를 기울이고, 상대를 응시해요

부모가 의식하지 못하는 사이 아기는 다양한 감각자극을 받는다. 양육자가 아기를 안고 수유를 할 때는 미각과 후각이, 목욕하거나 마사지하거나 안아줄 때는 촉각·전정감각·고유수용감각이, 눈을 맞출 때는 시각이, 아기의 이름을 불러줄 때는 청각이 자극되는 식이다.

이 중 인지 발달의 기초가 되는 촉각, 전정감각, 고유수용감각은 생후 8주 안에 완성되어 다른 감각들과 통합되면서 발달한다. 이러한 감각들이 발달하기 위해서는 다양한 경험과 반복이 필요한데, 선천적으로 감각수용기에 문제가 있는 경우를 제외하고는 주변 환경만으로 충분하다.

양육자가 할 일은 백일까지 다양하게 감각을 자극해 주며, 아기의 감각이 잘 발달되고 있는지 관찰하는 것이다. 아기가 눈을 맞추는지, 소리에 반응하는지, 안을 때 몸을 뻗치지 않는지 주의 깊게 살피자.

✱✱✱✱✱✱✱✱✱✱✱✱✱✱✱✱✱✱✱✱✱✱✱✱✱✱

몸에 손을 대는 것을 싫어하던 아이

센터에 약 10년 이상 다닌 아이가 있었다. 아이는 태아 때부터 신경계에 이상이 있다는 진단을 받았다. 의사는 아기가 성장하면서 말을 못 할 수도 있다고 했지만 엄마는 아기를 낳았다. 그 후 여러 곳에서 치료를 받다가 아이가 유치원에 입학할 때쯤 센터를 찾아왔다.

처음 만났을 때 아이는 상호작용이 어려운 것은 물론, 자기 몸에 손을 대는 것도 무척 싫어했다. 촉각이 예민하기 때문이었다. 아이의 촉각을 자극하고, 트램펄린 운동을 시켜서 전신을 자극했으며, 목 가누기부터 차례로 생후 1년 동안 아기들이 하는 동작을 모두 하게 했다.

오랜 시간이 걸렸지만 아이는 통합학교에서 기술을 배울 정도로 다른 사람과 상호작용을 할 수 있게 되었다.

생후 3개월에 이르면 아기가 주먹을 펴는지, 목을 가누는지, 소리에 반응하는지 등으로 정상 발달 여부를 판별할 수 있는데, 우왕좌왕하다가 시기를 놓치는 경우가 많아 안타깝다. 특히 감각에 문제가 있을 경우 조기 발견이 중요하다.

상대를 향해 웃어요

생후 3개월에 이르러서도 아기가 웃지 못한다면 사회성 발달이나 시각에 문제가 있을 수 있다.

사회성 결여는 자폐 성향을 가진 아기들에게서 나타나는데, 눈을 맞출 때 상대방의 눈을 응시하지 못하고 다른 곳을 쳐다보는 특징을 보인다. 자폐증의 원인은 아직까지 정확하게 밝혀진 바는 없으나 최근에는 신경해부학적 원인에 초점을 둔 연구들이 진행 중이다.

아기가 시각 이상으로 상대방을 제대로 볼 수 없다면, 빠른 시일 내에 가까운 보건소나 병원에서 시력검사를 받아보길 바란다.

✲✲✲✲✲✲✲✲✲✲✲✲✲✲✲✲✲✲✲✲✲✲✲✲

잘 웃지 않던 아이

6개월이 되어도 잘 웃지 않던 여자아기가 있었다. 엄마는 제왕절개로 아기를 낳았고, 산후 조리 과정에서 3개월 정도 가사도우미의 도움을 받아 아기를 돌보았다. 엄마는 자신이 초보라는 생각에 아기 돌보기의 많은 부분을 가사도우미에게 의존해 아기와 자주 놀아주거나 신체접촉을 하지 못했다.

그래서 우선 아기와 엄마 간에 애착이 형성될 수 있도록 놀이를 통해 아기와 신체접촉을 하게 했다. 엄마에게 아기를 눕혀놓은 다음 아기의 양팔을 잡고 위아래, 좌우로 늘리면서 '우리 아기 스트레칭 해볼까? 쭈욱~ 오른쪽으로도 쭉~ 왼쪽으로도 쭉~' 하는 식으로 의태어를 사용하여 아기의 호기심을 불러일으키고 노래를 불러주며 놀이하는 것처럼 마사지해 주는 법을 알려주고 집에서도 꾸준히 할 것을 제안했다.

처음엔 긴장했던 아기의 표정이 엄마와의 놀이를 통해 편안하고 밝아지기 시작했다. 센터에 와서 이런 수업을 주 2회, 한 달간 받고 나자 엄마와 아기 모두 밝게 웃을 수 있게 되었다.

목을 가눠요

목을 가누며 고개를 똑바로 드는 것은 아기가 이후 이루는 모든 발달의 기초가 된다. 목을 관장하는 근육들이 잘 발달해야 고개를 들 수 있는데, 생후 6주 정도가 되면 아기는 엎드려서 고개를 위아래로, 3개월에 이르러서는 고개를 좌우로 움직일 수 있게 된다. 이 시기에 이르러서도 아기가 고개를 들지 못한다면 관련된 지지근육(경장근)의 발달이 제대로 이루어지지 않은 것으로 볼 수 있다.

➜ 우리 아기 지지근육 발달, '가슴 들기'로 도와줘요!

① 아기를 엎드려놓고, 팔을 앞으로 빼 팔꿈치가 어깨 앞으로 오게 해요.
② 한 손으로는 아기의 엉덩이를 누르고, 다른 한 손으로는 아기의 가슴을 받치고 아기의 상체를 30도 정도 올려줘요. 이때 상체를 무리하게 올리지 않게 주의합니다.
③ ②번 동작을 3초씩 5번 반복해요. 아기가 힘들어하면 처음엔 아주 잠깐 올렸다가 아기의 반응을 봐가며 차츰 시간과 횟수를 늘려갑니다.

돌이 지나도 제대로 걷지 못하던 아기

생후 18개월이 되었는데도 제대로 걷지 못하여 찾아온 아기가 있었다. 일반적으로 3개월경에 했어야 할 목 가누기를 6개월에 시작한 아기는 전체적으로 발달이 늦은 듯했다. 상담을 해보니 아기 스스로 움직여서 근육과 신체 움직임이 제대로 발달되기도 전에 아기를 의자에 앉혔고 백일경부터 보행기를 태우기 시작했던 것이 가장 큰 원인으로 판단되었다.

우선 아기가 전반적으로 잘 움직이도록 마사지로 전신을 자극해 주었다. 그런 다음 목근육의 발달을 도와주는 운동을 시켰다. 1년간 이러한 교육을 받고 보행, 손의 기능, 언어 발달이 향상된 아기는 어린이집에서도 잘 적응할 수 있었다.

4개월 우리 아기 무엇을 할 수 있나?

엎드려서 한 팔로 버텨요

4개월·16주   기기

4개월에 이르면 균형감각이 발달하여 아기는 <u>안정된 자세로 엎드린다</u>. 이 시기에 엎드린 아기를 관찰해 보면 양 팔꿈치를 어깨 앞에 놓고, 배와 골반을 바닥에 붙인 상태에서 상체를 지탱하는 것을 볼 수 있다.

그리고 3개월에 이미 목을 가눈 아기는 고개를 똑바로 들어 좌우를 살필 수 있을 뿐 아니라 엎드려서 한쪽 팔로 버틸 수도 있다. 엎드린 아기에게 좋아하는 장난감을 보여 주면 잡으려고 손을 뻗는데, 장난감을 잡기 위해서 한 손을 뻗고 다른 한 손으로는 상체를 지탱하는 모습을 볼 수 있을 것이다.

아기가 장난감이나 사물에 흥

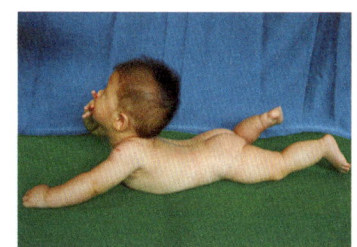

미를 보이지 않거나 사물을 향해 의식적으로 손을 뻗지 않는다면, 다양한 감각자극을 수용할 수 없거나 자극과 반응에 대한 뇌 기능이 제대로 발달하지 않았을 수 있기 때문에 전문가와 상담하는 것이 좋다.

지인의 4개월 된 손자를 만난 일이 있었는데, 손자는 태어날 때부터 우량아였고 머리 둘레도 큰 편에 속했다고 했다. "4개월이니 엎드려서 한쪽 팔을 들 수 있겠네요?"라고 묻자, 머리가 커서 그런지 고개를 잘 못 들고 목도 잘 못 가누는 것 같다는 대답이 돌아왔다. 하지만 목을 가누거나 엎드려서 한쪽 팔로 지탱하는 것은 상체를 드는 동작이 안정적으로 이루어져야 가능한 것이지 머리가 커서 할 수 없는 것은 아니다.

<u>4개월에는 아기에게 어떠한 자극과 도움을 주느냐에 따라 아기가 금방 변할 수 있으므로 특히나 애정과 관심으로 살펴보아야 한다.</u>

 고개 못 드는 우리 아기, 이렇게 도와줘요!

① 아기를 엎드려놓아요.

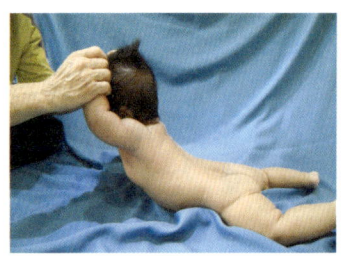

② 아기의 머리맡에서 아기의 양팔을 잡아 위로 천천히 당겨 올려요. 이때 아기의 하체는 바닥에 닿아 있어야 합니다.
③ 아기의 팔을 천천히 내려놓아요.
④ ②와 ③을 아기가 힘들어하지 않게 차츰 횟수를 늘려 5회까지 반복해요.

몸통을 굴려요

4개월·16주　　**앉기**

이 시기에 아기는 주변의 소리, 움직임, 냄새 등에 관심이 많아지면서 행동반경이 커지고, 점점 더 적극적이고 목표 지향적으로 옆으로 구른다. 몸통을 좌우로 굴리는 것은 행동반경을 넓히기 위한 동작이지만 아직은 균형감각이 떨어져 대부분 다시 눕는 자세로 되돌아온다.

아기가 옆으로 구르는 시기가 늦어지거나 잘 구르지 못하는 것은 환경 때문일 수 있다. 발달 문제로 센터에 찾아오는 아기는 유모차나 바운서 등에 앉혀져 키워진 경우가 많다. 이러한 도구는 양육자를 조금 편하게 할 수 있을지는 모르겠으나 아기에게는 별로 도움이 되지 않는다.

자기 몸 크기만 한 좌석에 앉아 움직이지 못한다면 어떻겠는가? 아마 갑갑해서 5분도 견디기 힘들 것이다. 아기 역시 좁고 막힌 공간을 좋아하지 않는다. 넓은 바닥에서 자유롭게 탐색하고 싶어 하는 아기에게 충분한 시간과 공

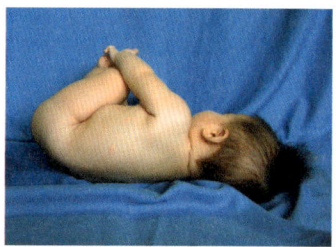

간을 주지 않고서 유모차나 바운서에 눕혀놓고 꼼짝 못 하게 하는 것은 발달을 방해하는 일이다.

따라서 아기가 스스로 탐색할 수 있도록 충분히 바닥에서 놀 수 있게 하자. 이때 기거나 몸을 가누기 힘든 푹신한 이불보다는 몸을 움직이기 편한 매트가 더 적당하다. 또 아기가 몸통을 굴릴 때 좌우 양방향으로 움직이는지도 잘 살펴봐야 한다.

센터를 찾아온 아이들 가운데 한쪽 손만 사용하여 기거나 한쪽 방향으로만 구르는 아이들은 대개 물건을 잡고 조작하는 능력도 떨어진다. 또 고개가 비뚤어져 있거나 골반이 틀어진 경우도 많다. 양육자에게 아기가 한쪽으로만 구를 때 다른 방향으로 바꿔주지 않았냐고 물어보면 대부분 '일단 아기가 옆으로 구를 수 있기에 괜찮은 줄 알았다' 혹은 '바꾸려고 해봤는데 아기가 잘 따라주지 않았다'고 대답한다.

일반적으로 우리 몸은 양측성이라서 한쪽 움직임이 발달하면 반대편 움직임도 발달한다. 하지만 발달이 한쪽으로 치우칠 수도 있는데, 이런 경우 이후 전체적으로 균형 있게 발달하지 못할 수 있다. 또한 뇌에 이상이 있는 경우에도 양쪽으로 구르지 못할 수 있으므로, 아기가 양쪽 방향으로 자연스럽게 몸을 굴리는지 신중히 관찰하자.

한쪽으로만 구르는 우리 아기, 이렇게 도와줘요!

아기가 흥미를 가질 만한 물건으로 유도해 자연스럽게 다른 방향으로도 구르게 해줘요.

몸을 뒤집어요

4개월·16주 **걷기**

이 시기에 아기를 눕혀놓으면 아기는 몸을 버둥거리거나 비틀며 스스로 뒤집는 연습을 하는데, 뒤집기에 성공하면 엎드린 상태에서 손발을 흔들며 기기 위한 연습에 돌입한다. 아기의 발달은 뒤집기 → 배밀이 → 앉기 → 기기 → 걷기 순으로 순차적으로 진행된다.

빠른 경우 백일(생후 14주)이면 뒤집기도 하지만, 대개는 4개월 중반쯤(생후 18주) 척추 회전이 원활해지면서 몸의 무게중심을 한쪽으로 옮겨 몸을 뒤집기 시작한다. 아기는 양손을 머리 위나 옆으로 뻗고, 몸통을 옆으로 비스듬히 한 채 다리 한쪽은 펴고 다른 한쪽은 구부려 뒤집는다. 뒤집기를 스스로 한다는 것은 척추가 정상적으로 회전한다는 것이기에 아기의 발달에서 무척

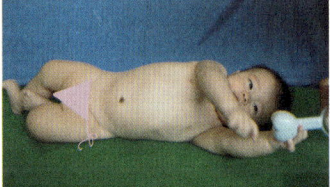

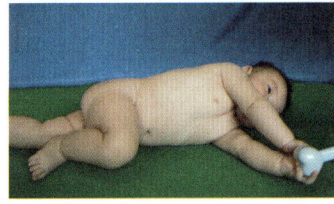

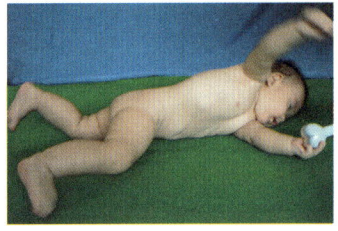

중요하다.

몸을 뒤집을 때 다리를 구부리지 않고 뒤집는 아기들이 있는데, 이는 그냥 넘길 일이 아니다. 다리를 구부리고 펴는 동작은 요추를 통해 이루어지는데, 요추의 기능이 떨어지면 다리를 구부리고 펼 수 없기 때문이다. 그러므로 이런 경우 아기가 몸을 뒤집을 때 다리를 구부릴 수 있도록 도와줘야 한다.

5개월이 되어서도 아기가 스스로 못 뒤집으면 뒤집을 수 있도록 원인을 찾아 그에 맞는 도움을 줘야 한다.

우선 아기의 팔이 몸통에 붙어 있으며 아기가 뒤집으려고 시도할 때마다 팔에 걸려 실패할 수가 있다. 6개월이 되어서도 뒤집기를 못해 센터를 찾아온 아기가 그런 경우였다. 이 아기의 경우 양육자의 세심한 관찰로 이른 시기에 발달 문제를 발견할 수 있었고, 적절하고도 지속적인 보조로 문제를 2주라는 단기간에 해결할 수 있었다. 계속 방치했다면 아기는 뒤집지 못했을 것이고, 이후 발달도 전반적으로 지연되었을 것이다.

또한 목을 잘 못 가누는 경우에도 머리가 바닥에 닿아서 못 뒤집을 수 있다.

팔 위치와 목 가누기에 문제가 없어도 아기 스스로 뒤집지 못할 수도 있는데, 이럴 때는 아기가 너무 늦지 않게 뒤집을 수 있도록 도와주는 것이 좋다.

💡 다리를 구부리지 않고 뒤집는 우리 아기, 이렇게 도와줘요!

① 비치볼과 같은 가벼운 공을 준비해요.
② 아기를 눕혀요.
③ 한 손으로 아기의 엉덩이 밑을 받치고 다른 한 손으로 공을 잡아 아기 발바닥에 대요.
④ 아기의 무릎이 직각이 될 때까지 공을 아기 쪽으로 살살 밀어요. 이때 아기의 엉덩이가 살짝 들립니다.

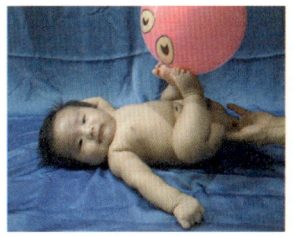

💡 못 뒤집는 우리 아기, 이렇게 도와줘요!

1. **팔이 몸통에 붙어 있다면, 손을 교차로 해서 굴려줘요.**

   ① 아기를 눕혀놓고 팔은 만세하듯 머리 위로 올려놓아요.
   ② 아기 머리맡에서 왼손으로는 아기의 왼손을, 오른손으로는 아기의 오른손을 잡아요.
   ③ 아기 오른팔을 당겨서 양육자의 팔이 'X 자' 모양으로 교차되게 하면서 왼쪽으로 굴려줘요.
   ④ 아기의 몸통이 뒤집어지면 아기를 다시 눕힌 뒤 반대로 아기의 왼팔을 당겨서 오른쪽으로 굴려줘요.
   ⑤ ③~④를 각각 3번 반복해요. 아기의

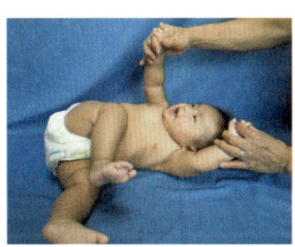
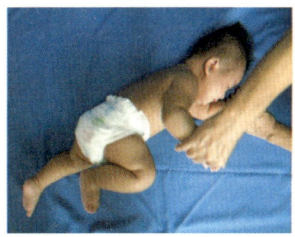
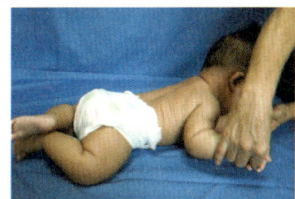

반응을 보며 차츰 횟수를 늘려갑니다.

* 이 동작은 아기의 허리근육을 강화해 줍니다.

2. 고개를 들지 못한다면, '가슴 들기'를 해줘요.

   ① 아기를 엎드려놓고, 팔을 앞으로 빼 팔꿈치가 어깨 앞으로 오게 해요.

   ② 한 손으로는 아기의 엉덩이를 누르고, 다른 한 손으로는 아기의 가슴을 받쳐 아기의 상체를 30도 정도 올려줘요. 이때 상체를 무리하게 올리지 않게 주의합니다.

   ③ ②번 동작을 3초씩 5번 반복해요. 아기가 힘들어하면 처음엔 아주 잠깐 올려주었다가 아기의 반응을 봐가며 차츰 시간과 횟수를 늘려갑니다.

3. 팔 위치, 고개 들기에는 문제가 없는데 못 뒤집는다면, 양다리를 교차시켜 줘요.

   ① 아기를 눕혀놓고 양손으로 아기의 양다리를 한쪽씩 잡아요.

   ② 한쪽 다리는 바닥에 붙이고, 다른 쪽은 무릎을 굽혀 반대편으로 돌려줘요.

   ③ 아기의 표정을 보며 힘들어하지 않는다면 좌우 5회 반복해요. 능숙해지면 횟수를 늘립니다.

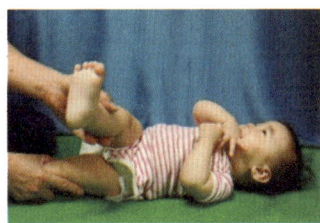 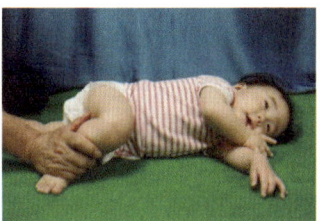

4. 아기가 몸을 뒤집으려고 옆으로 누웠을 때 엉덩이를 받쳐줘요.

양손을 입에 넣고 탐색해요

4개월·16주   **손가락**

시력이 이전 월령보다 발달한 아기는 관심 있는 사물을 응시하며 잡기 시작한다. 하지만 눈앞의 사물을 향해 손을 바로 뻗기보다는 옆으로 뻗은 후 눈앞으로 이동하여 사물을 잡는다. 이럴 때 몸 전체가 움직이는데 4개월 아기에게는 자연스러운 현상이다.

손을 뻗어 보이는 사물을 잡는다는 것은 눈과 손이 활발하게 협응함을 의미한다. 이외에도 손발을 서로 부딪치고 입으로 넣는 경우가 있는데, 이는 눈과 손, 손이나 발끼리 활발히 협응한다는 증거다. 하지만 아기가 사물을 잡지 못하거나 사진처럼 엄지가 안쪽으로 들어가 있으면 신경계 발달 미숙을 의심해 볼 수 있다.

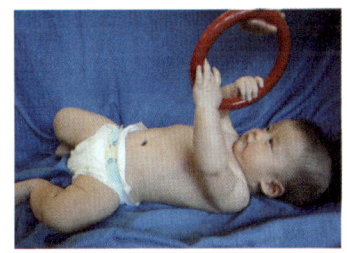

생후 3~4개월이 되면 일반적으로 아기는 누워 있을 때 손을 입에 가져가거나 눈앞에서 양손을 가지고 장난칠 수 있다.

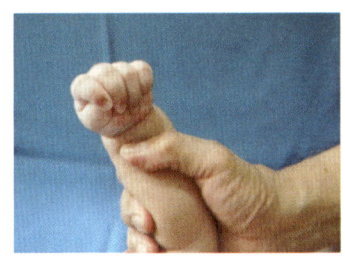

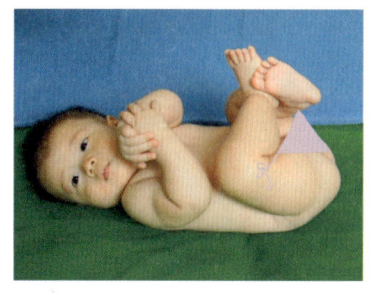

그러나 팔신경얼기에 문제가 있는 경우에는 양손을 입으로 가져가지 못할 수도 있다. 팔신경얼기는 목 아래 경추 5번부터 흉추 1번까지의 신경다발로 척수와 연결되어 팔에 있는 근육을 지배하며 손가락 활동을 통제한다. 분만 시 태아가 크거나 좋지 않은 자세로 나올 경우 어깨가 걸리면서 팔신경얼기에 손상이 생길 수 있다. 말초신경 부위는 다시 자랄 수 있기 때문에 손상이 오래가지는 않아 대개는 4개월 정도 되면 회복된다. 이후에도 아기가 양손을 사용하지 않는다면 전문가와 상담하는 것이 좋다.

4개월이 지나도록 왼팔만 사용하는 아기가 센터에 온 적이 있다. 아기는 누워 있을 때 왼손만 입으로 가져가고 오른손은 바닥에 놓고 있었고, 고개를 가운데에 두지도 못했다. 팔신경얼기에 문제가 있는 것으로 판단해 양손 입에 대기로 신체도식을 도왔다. 처음에는 오른팔을 움직이는 것이 다소 긴장되어 보였으나 매일 반복하여 다행히 한 달 만에 양손을 잘 사용하게 되었다.

💡 손과 발을 갖고 놀지 않는 우리 아기, 이렇게 도와줘요!

아기와 눈을 맞추고 놀이하듯이 아기의 손과 발을 하나씩 당겨서 뽀뽀하듯 살짝 입에 대고 떼줘요. 횟수와 시간을 서서히 늘려서 아기가 손과 발을 가지고 노는 것에 익숙하게 해줍니다.

한쪽 손만 입에 대는 우리 아기, 이렇게 도와줘요!

① 아기를 눕혀요. 이때 아기의 고개는 중앙에 두고 정면을 바라보게 합니다.

② 아기의 양손을 잡고 입에 닿게 해요. 이때 아기와 눈을 맞추고 놀이하듯 해서 아기가 흥미를 가지게 합니다.

엄지손가락이 들어가 있는 우리 아기, 손 마사지로 도와줘요!

① 아기의 주먹 쥔 손에 양육자의 엄지를 부드럽게 밀어 넣어요.

② 엄지를 아기의 손바닥에서 손가락 방향으로 부드럽게 쓸어줘요.

③ 아기의 엄지를 펴줘요.

④ 아기의 손바닥과 손등을 쓰다듬어 줘요.

눈앞에 갑자기 물체가 나타나면 눈을 깜빡여요

4개월·16주 **감각·지각**

이 시기에 아기는 눈앞에 갑자기 물체가 나타나면 눈을 깜박이는 눈깜박임반사를 보이기 시작한다. 이는 시력이 발달하면서 생기는 본능적인 반사작용으로 생후 4~6개월경 시작되며 평생 유지된다. 아기가 6개월까지도 눈깜박임반사를 보이지 않는다면 발달장애를 의심해 볼 수 있다.

또한 이 시기에 아기는 소리를 듣고 따라 하기도 한다. 아기가 양육자의 소리를 흉내 낼 때 얼마나 적극적으로 다양하게 대답해 주느냐가 아기의 언어 발달에 지대한 영향을 주므로 아기에게 적극적으로 말을 건네자.

💡 **우리 아기 눈깜박임반사, 이렇게 확인해요!**

아기의 눈 20cm 정도 앞에서 장난감을 흔들어요. 아기가 장난감을 응시하지 않는다면 시력이 약한지 안과에서 검사를 받아봅니다. 시력에 이상이 없는데도 눈깜박임반사를 보이지 않는다면, 안면신경핵이 위치한 뇌교(뇌간의 일부)에 이상이 있을 수 있으므로 전문가에게 상담을 받는 것이 좋습니다.

크게 웃어요

4개월 · 16주　　**사회성**

힘든 하루를 보낸 후에도 아기의 웃는 모습에 피로가 싹 없어진다는 말을 하는 양육자가 많은데, 4개월 정도가 되면 아기는 더 크게 웃기 시작한다.

　아기의 미소는 아기가 정서적으로 잘 발달하고, 원활하게 사회성을 형성하고 있음을 의미한다. 때문에 아기가 웃으면 함께 웃어주고 기쁨을 표현하는 것은 아기의 정서와 사회성 발달에 중요한 일이다. 이 시기 아기는 기뻐서만이 아니라 놀라거나 예측하기 어려운 상황에서 긴장을 해소하려고 웃기도 한다.

　데이비드 베넛 David S. Bennett, MCP 하네만대학교 등이 4개월 된 영아 150명을 비디오로 관찰한 한 실험에서 아기들은 기쁨, 놀람, 화, 슬픔 등의 다양한 정서 반응을 나타냈다. 특히 상자에서 장난감이 튀어나오거나 낯선 사람이 방으로 들어올 때 놀라는 반응을 많이 보였다고 한다.

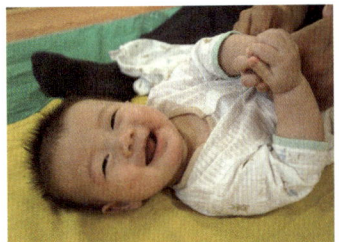

　이 실험에서 알 수 있듯이 이 시기에 아기의 정서는 이전 월령

에 비해 훨씬 복잡하고 세분화되므로, 아기가 심리적으로 안정감을 느끼며 건강하게 성장할 수 있도록 웃음, 좋은 목소리와 같은 정서적인 자극을 충분히 주는 것이 좋다.

4개월 된 우리 아기에 대해 궁금한 것들

◈ **우리 아기는 무얼 할 수 있을까?**

호기심이 왕성해진 아기는 주변을 적극적으로 탐색하며 새로운 것에 민감하게 반응한다. 때문에 수유하는 동안 먹는 데 집중하지 않고 주변을 관찰하느라 바쁠 수 있다. 그럴 때는 조용한 장소에서 수유하여 아기가 수유에 집중하도록 도와준다. 양육자도 가능한 한 아기에게 집중하자. 사랑하는 마음과 눈빛으로 아기를 바라보면 아기는 양육자와의 교감을 통해 정서적 안정감을 얻을 것이다.

◈ **우리 아기는 언제 딱딱한 음식을 먹을 수 있을까?**

고체 형태의 음식은 젖니가 나기 시작하는 6개월 이후에 먹이는 것이 좋다. 소화기관 및 면역체계가 발달하여 음식으로부터 감염을 예방할 수 있게 되는 것도 그 시기부터다. 6개월 이전에 고체 형태의 음식을 주고 싶다면, 아기의 영양상태에 대해 전문가와 미리 상담하는 것이 좋다.

◈ **우리 아기와 어떻게 놀아줄까?**

누워 있는 아기의 팔과 다리를 배 앞으로 가져와 아기가 스스로 자기 몸을 인식하며 놀 수 있도록 도와주자.

아기는 어떤 일이 일어나고 있는지 관찰하려고 고개를 들 텐데, 고개를 듦으로써 아기의 목근육, 배근背筋, 복근이 강화될 것이다. 이 자세가 처음인 아기는 배 앞으로 팔과 다리를 들어 올릴 때 울 수도 있다. 하지만 몇 차례 반복하면 금방 익숙해지므로 걱정하지는 말자. 계속 운다면 골반이나 척추 쪽에 문제가 있을 수도 있으니 전문가와 상담하는 것이 좋다.

또한 아기가 좌우로 충분히 굴러야 뒤집을 수 있으므로 누워서 좌우로 움직이는 것에 흥미를 보이며 구를 때 박수를 치며 격려해 주자. 새로운 동작에 대한 양육자의 반응은 아기에게 그 동작을 해도 좋다는 확신을 준다.

새로운 촉감은 아기의 뇌를 발달시키므로 이 시기에 다양한 질감의 장난감을 제공하는 것이 좋다.

우리 아기 언어 발달 어떻게 도와줄까?

이 시기에 아기는 양육자의 입 모양과 소리가 관계 있음을 인식하여 입술이 움직이는 모양을 자세히 살핀다. 양육자가 하는 말을 듣고 따라 하는 것이 대화의 기술을 발전시키는 첫걸음이다. 따라서 아기가 소리를 낼 때 듬뿍 격려해 주자.

5개월 우리 아기 무엇을 할 수 있나?

엎드려서 양팔과 양다리를 들어 올려요

5개월·20주　　**기기**

이 시기에 아기를 엎드려놓으면 이전보다 관절의 움직임이 유연해져서 두 팔을 몸 앞으로 쭉 뻗으며 골반과 허벅지를 바닥에 밀착시킨다.

또한 놀이 영역을 넓히고 싶을 때는 팔을 뻗어 버둥거리기도 한다. 자기가 도달할 수 있는 거리에 갖고 싶은 장난감이 보이면 사진처럼 배를 바닥에 대고 양팔과 양다리를 버둥거리며 수영하듯이 움직이는데, 이러한 동작을 '수영자세'라 한다. 아기가 배로 무게중심을 잡을 때 수영자세를 취하는데, 이 자세를 보이는 기간은 비교적 짧다. 하지만 수영자세는 배근과 복근 그리고 호흡의 협응 없이는 취할 수 없기 때문에 발달의 중요한 지표다.

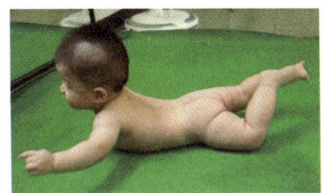

누워서 허벅지를 만져요

5개월·20주 **앉기**

아기를 눕혀 놓으면 아기가 스스로 발을 쳐다보고 허벅지를 만지며 논다. 이때의 누운 자세는 훗날 앉을 때의 자세와 같은 모습을 취한다. 아기는 몸통을 똑바로 한 채 다리를 들어 올리고 무릎을 구부리면서 몸의 중심을 잡는 연습을 한다. 이렇게 누워서 앉은 자세를 취하면 척추에 부담을 주지 않고 앉기 연습을 할 수 있다.

이때도 누워 있는 아기가 코부터 턱, 가슴, 배꼽이 일직선을 이루는지, 아니면 골반이 틀어지거나 고개가 한쪽으로 쏠려 있는지를 살펴 신체 좌우 균형이 잘 발달하였는지 확인해 보도록 한다.

아기는 누워서 무릎을 구부리고 허벅지를 만져보고 쳐다보면서 자신의 다리를 인지한다. 이때 턱을 가슴 쪽으로 당길 수 있어야 하는데, 이렇게 해야 요추가 S 라인을 이루어 척추가 잘 발달할 수 있다.

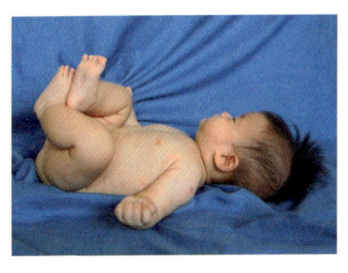

또한 똑바로 눕기 위해서는 몸의 균형을 잡을 수 있어야 하는데, 여기에는 코어근육이 관여한다. 아기가 똑바로 눕지 못하거나

누워서 허벅지를 만지지 못한다면 코어근육을 강화시켜 도와줄 수 있다.

💡 똑바로 눕지 못하고 다리를 만지지 않는 우리 아기, 이렇게 도와줘요!

1. **아기를 눕히고 발꿈치나 발바닥을 잡아 천천히 위로 올렸다가 내려줘요.**

   이 동작은 성인이라면 한 번쯤 해봤을 복근운동인 누워서 다리 올리기와 비슷한 동작입니다.

2. **아기를 눕힌 뒤 양발을 잡고 무릎을 굽혔다 폈다 반복해요.**

   너무 빨리 하지 말고, '우리 아기 발이 어디 있나~, 여기 있네' 말하며 놀이하듯 하여 아기의 흥미를 이끌어줍니다. 이렇게 하면 배와 허리의 근육을 강화할 수 있을 뿐만 아니라 아기가 신체도식을 제대로 형성하는 데도 도움이 됩니다.

한쪽 손에서 다른 쪽 손으로 물건을 옮겨 잡아요

5개월·20주   　**손가락**

아기에게 장난감을 보여주면 손을 뻗어 잡고 만져보는데, 보이는 사물을 잡는다는 것은 눈과 손의 협응이 잘 이루어짐을 의미한다.

또한 이 시기에 아기는 장난감을 가지고 놀 때 양손을 얼굴 정면에 두고 한 손에서 다른 손으로 장난감을 바꾸어 잡으며 논다. 이러한 바꾸기 놀이를 하는 데는 손으로 사물을 잡는 능력뿐만 아니라 놓는 능력도 필요한데, 사물을 놓는 동작은 잡기반사가 거의 사라져야 가능하다. 또한 손가락 움직임에는 대뇌의 좌뇌와 우뇌 모두 관여되기 때문에 양손으로 장난감을 옮기며 노는 것은 아기의 뇌 발달이 잘 이루어지고 있다는 증거가 된다.

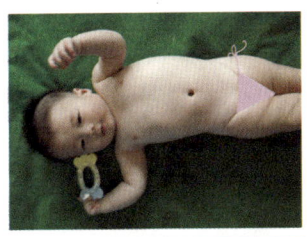
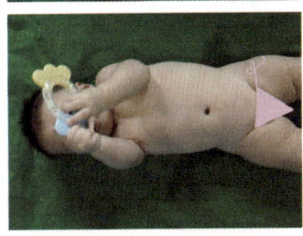
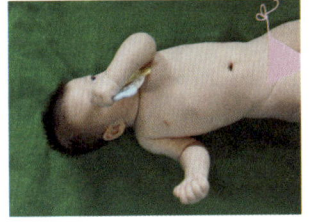

아기가 장난감을 가지고 놀 때 살펴봐야 할 것은 물건을 잡는 아기의

엄지가 바깥쪽으로 나와 있는지의 여부이다. 발달 문제로 센터를 찾는 아이들은 엄지가 안으로 들어가 있고, 양육자들은 그에 크게 신경 쓰지 않았던 경우가 대부분이다.

하지만 엄지가 다른 손가락 안으로 들어가 있다면 잡기반사가 사라지지 않았거나 말초신경계가 제대로 발달되지 않았음을 의미할 수 있으므로 주의 깊게 살펴봐야 한다.

💡 **엄지가 안으로 들어가 있는 우리 아기, 이렇게 도와줘요!**

① 아기의 주먹 쥔 손에 양육자의 엄지를 부드럽게 밀어 넣어요.
② 엄지를 손바닥에서 손가락 방향으로 부드럽게 쓸어줘요.
③ 아기의 손바닥과 손등을 쓰다듬어 줘요.
④ 아기가 손을 펴면 작은 공을 쥐어주어 엄지가 나오도록 해요.

소리가 나는 쪽으로 고개를 돌리고
어디서 소리가 나는지 살펴요

5개월·20주   **감각·지각**

이 시기에 아기는 소리가 나는 곳을 향해 고개를 돌리고 눈으로 어디서 소리가 나는지 살핀다.

아기는 가까운 곳에서 나는 모든 소리에 관심을 갖는다. 예를 들어, 옆에서 종소리를 들으면 소리가 나는 방향으로 고개를 재빨리 돌리고 유심히 쳐다본다.

또 불분명하지만 음절을 반복하며 옹알이를 시작한다. 이때 많은 부모들이 우리 아기가 벌써 '엄마' '아빠'라고 했다고 자랑하는데, 자세히 들어보면 '다아' '바아'와 같은 소리이다. 처음에는 '다아' '바아'와 같이 모음과 자음이 합쳐진 소리를 짧게 내다가 '다아마아' '바아마아'와 같이 점차 길게 낸다.

아기는 소리를 내며 자기 목소리를 장난감처럼 가지고 논다. 입을 다물고 '푸' 하며 숨을 내뿜거나 입술의 떨림을 즐기는 등 소리의 강도와 음색을 다양하게 시험해 본다. 이때 소리에 강약을 주거나 음색을 바꿔가며 아기와 대화하

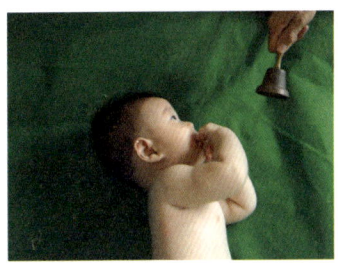

면 아기의 언어 발달에 좋은 자극이 된다.

이 시기에 아기가 소리를 내지 않거나 내는 소리가 약하다면 신체 발달이 전반적으로 잘 이루어졌는지 확인해 본다. 언어 발달 문제의 원인은 다양하고 복잡하다. 청각이 좋지 않거나, 상호작용이 부족하거나, 소리 내는 데 보조하는 근육이 제대로 발달하지 못하여 그럴 수 있다. 여기서는 신체 발달에 초점을 맞추어, 소리 내는 보조근육의 발달 미숙에 대해서만 살펴보겠다.

많은 사람들이 언어 발달과 신체 발달을 별개로 생각한다. 하지만 소리를 내는 것은 호흡으로부터 시작한다. 폐로부터 후두로 공기 흐름을 만들기 위해서는 숨을 들이쉬고 내쉴 때 관여하는 횡격막, 늑골간근, 배근, 복근 등의 도움이 필요하다. 이 근육들과 폐의 탄력성이 협동하여 공기의 유출을 조절한다. 소리를 잘 내지 못하는 아기는 배근, 복근에 힘이 없을 가능성이 높다.

언어 능력과 균형감각 발달이 미숙해 센터를 찾은 두 살 여자아이가 있었는데, 검사를 해보니 목 가누기, 상체 들기 등의 동작을 제대로 하지 못했다. 아이에게 윗몸 일으키기와 같은 상체 운동을 시켜 배와 허리의 근육을 강화하고, 트램펄린 위에서 뛰게 해 균형을 잡을 수 있도록 지도했다. 소리가 틔기 시작하자 아이의 언어 능력은 급속히 발달했고, 신체 기능도 전반적으로 향상되었다.

이렇게 해서 일상생활이 한결 수월해지기까지 2년이란 시간이 걸렸다. 이 역시 문제를 조기에 발견하는 것이 얼마나 중요한지 알려주는 사례다.

소리를 잘 못 내는 우리 아기, 이렇게 도와줘요!
아기에게 수영자세를 취하게 해요. 수영자세는 배근과 복근을 단련시켜 줍니다.

5개월 된 우리 아기에 대해 궁금한 것들

⇨ 우리 아기는 무얼 할 수 있을까?

5개월이 된 아기는 팔다리, 머리, 목을 더 잘 조절할 수 있고, 간혹 다른 사람의 억양을 흉내 내어 자음 발음을 따라 하기도 한다.

⇨ 아기가 하루 종일 대변을 보지 않을 때가 있는데, 괜찮을까?

아기가 하루 정도 대변을 보지 않았다고 걱정할 필요는 없다. 변비가 심하다면 가끔씩 관장하는 것도 괜찮지만, 이는 습관이 될 수 있으므로 조심하는 것이 좋다. 하지만 습관성 변비인 것 같으면 젖의 양이 부족하진 않은지 수유량을 늘려보거나, 채소 수프나 우유에 곡분을 섞어 먹여보자.

⇨ 우리 아기와 어떻게 놀아줄까?

이 시기 아기는 단순한 상호작용 놀이를 좋아한다. '까꿍' 놀이가 그 대표적인 예다. 양육자가 손이나 수건을 이용하여 얼굴을 가리면 아기는 놀이가 시작되는 것을 알고 언제 얼굴을 내밀까 숨 죽이며 기다릴 것이다. 그리고 '까꿍' 하며 재미있는 표정을 짓거나 웃는 얼굴을 드러내 보이면 까르르 웃으며 기뻐한다. 아기는 놀이를 통해 기다림과 나타남의 규칙을 익히고, 없어진 것을 기다리며 기억력을 키운다.

우리 아기 언어 발달 어떻게 도와줄까?

이 시기에 아기는 더 많은 종류의 자음을 발음하고 입 앞쪽에서 만들기 쉬운 '다다' '바바' 등의 소리를 반복해서 낸다. 아기가 소리를 내는 것은 중요한 상호작용이기므로 적극적으로 반응하자. 또한 아기를 안아 올리면서 '높이 높이 날자' '공이 데굴데굴 굴러가네' 하는 식으로 의성어와 의태어를 많이 사용하여 말을 건네면 아기는 소리 듣는 것을 더욱 즐거워하게 된다.

6개월 우리 아기 무엇을 할 수 있나?

엎드려서 상체를 들고 양팔로 지탱해요

6개월 · 24주   **기기**

이전 월령에서 수영자세를 익힌 아기는 이제 눈앞의 사물을 잡기 위해 앞으로 나아가려 애쓰다가 우연히 상체를 들고 두 팔로 지탱하는 방법을 터득하게 된다.

상체 들기는 체중을 골반에 싣고 배근, 복근 그리고 척추기립근의 힘으로 상체를 들어 올리면서 팔꿈치를 완전히 펴 양손바닥으로 버티는 자세이다. 팔힘으로 상체를 들어 올리면 어깨와 견갑골이 올라가면서 등에 팔八자와 같은 주름이 생기는데, 이는 상체 들어 올리기가 제대로 이뤄지지 않았다는 증거다. 상체 들기가 제대로 이루어지면 아기의 척추는 활처럼 휘며 곡선을 만든다.

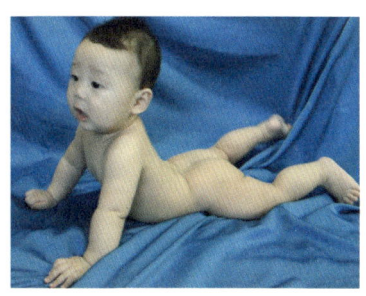

상체를 들어 올리는 동작은 뇌와 운동성 발달에 매우 중요하다. 상체를 들면서 시야가 넓어지고, 이에 따라 사물에 대한 호기심도 높아져 탐색할 기회가 많아지면 뇌가 발달된다. 또 많이 움직이면서 운동성도 발달하게 된다. 상체를 들어 올리는 것은 목을 제대로 가눌 수 있음을 의미하여 코어근육 발달에도 매우 중요하다.

이 시기에 아기가 상체를 들어 올리지 못한다면, 척추 관련 근육이 제대로 발달되지 않았다고 볼 수 있다. 이렇게 되면 두 손바닥으로 상체를 지탱하는 게 늦어질 수 있고 운동 욕구도 떨어져 가슴, 배, 엉덩이를 들고 기기 위한 동작을 아예 못 할 수도 있다. 그러므로 이 시기에 아기가 상체를 드는지 꼭 확인하자.

상체를 들어 올릴 때 손 모양도 중요하다. 주먹을 쥔다면 아직 손가락 움직임이 미숙한 것인 데다 손바닥으로 짚었을 때보다 버틸 수 있는 표면적이 작아져서 자세도 불안정해진다. 따라서 아기가 손을 다 펴고 손바닥 전체로 상체를 지탱할 수 있도록 도와주자. 특히 엄지가 주먹 안으로 들어가 있지 않게 신경 쓰자.

💡 상체를 못 드는 우리 아기, 이렇게 도와줘요!

1. 아기가 수영자세를 취하게 해요.
  이렇게 하면 코어근육이 강화되어 상체를 드는 데 도움이 됩니다.

2. 아기를 엎드려놓고 엉덩이를 손으로 지그시 눌러줘요.
  아기가 자연스럽게 상체를 들어 올리면 3초간 버티게 합니다. 아기가 상체를 들어 올리지 않으면 장난감 등으로 상체를 들도록 유도합니다.

배밀이를 시작해요

6개월 · 24주　　**기기**

이 시기에 아기는 상체를 드는 연습을 하다가 종종 엎드려뻗치기 동작을 할 때가 있다. 아기가 엎드려뻗치듯 양팔로 버티고 엉덩이를 드는 모습을 보고 발달에 이상이 있는 것은 아닌지 걱정하는 양육자가 있다. 아기는 기기 위해 우리가 생각하는 것보다 훨씬 더 다양한 시도를 하는데, 그런 시도 중에 팔과 다리에 동시에 힘이 들어가면서 엎드려뻗치기와 같은 자세를 취할 수 있으니 걱정할 필요가 없다.

하지만 이 과정에서 아기는 꼭 기는 방법을 터득해야 한다. 정상적으로 발달하고 있는 아기라면 이 시기에 배를 바닥에 대고 기는 배밀이를 시작한다. 배밀이를 할 때 아기는 한쪽 팔을 바닥에 고정하고, 다른 팔을 앞으로 뻗어 몸을 끌어당기며 긴다.

처음에는 신체 조절 능력이 미숙하여 앞으로 뻗은 손에 의해 나아가기보다는 뒤로 밀린다. 또한 배밀이를 시도할 때 엉덩이가 들리면 제대로 배밀이를 터득하기 힘들어진다. 이럴 때는 양육자가 도와주는 것이 좋다.

💡 **배밀이할 때 뒤로 가는 우리 아기, 이렇게 도와줘요!**

아기가 손을 뻗어 닿을 듯한 거리에 좋아하는 장난감을 두어 앞으로 나아가도록 유도해요.

💡 **배밀이할 때 엉덩이가 들리는 우리 아기, 이렇게 도와줘요!**

엎드린 아기의 엉덩이를 한 손으로 눌러주고 다른 한 손으로는 아기의 발바닥을 받쳐줘요. 아기가 발끝으로 미는 방법을 터득하는 데 도움이 됩니다.

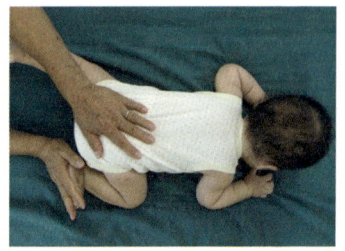

누워서 발을 만지며 놀아요

6개월 · 24주 **앉기**

이전 월령의 아기들을 눕혀놓으면 자연스럽게 무릎을 구부리는 정도였다면 이제 아기는 누워서 자기 발을 잡고 논다. 자기 발을 만지고 놀면서 눈과 손과 발의 협응을 발달시킨다.

이때 아기의 모습을 잘 관찰하면 발을 가지고 놀다가 사진처럼 엉덩이를 바닥에서 들어 올리는 것을 볼 수 있을 것이다. 이러한 동작을 통해 요추가 신장되고 관련 근육들이 발달한다. 이렇듯 아기의 발장난은 척추 발달에도 중요한 동작이므로 충분히 누워서 스스로를 탐색할 기회를 주자.

발장난을 좋아하지 않아서 눕혀놓으면 금방 몸을 뒤집거나 양육자가 발을 움직여주면 울어버리는 아기도 있다. 눕는 것을 싫어하는 이유에는 여러 가지가 있을 수 있지만 가장 큰 원인은 아기가 이 자세를 불편해하는 것이다.

뱃속에서는 앞으로 몸을 웅크리고 성장했기 때문에 태어난 후 몸을 펴려니 불편함을 느낄 수 있다. 하지만 눕는 것은 손과 발의 협응 및 신체도식에 중요하므로 눕는 것에 익숙해지도록 돕는다.

이 시기에 누워서 발을 가지고 놀지 않았던 아기들 중 손과 발의 협응이 잘 이루어지지 않아 힘들어하던 사례를 센터와 주변에서 무수히 봐왔다. 이런 아기들은 대부분 뒤집기를 빨리하여 누워 있기보다 엎드려 앞으로 이동하는 동작을 많이 했다. 신체도식이 제대로 이루어질 수 있는 기회를 가지지 못했던 것이다.

이 시기에는 앞으로 이동하는 것도 물론 중요하지만 누워서 자기 몸을 탐색하는 것 역시 중요하다. 누워서 발장난을 하는 것은 손과 발의 협응을 돕고, 이를 통해 자기 팔다리가 어디에 있는지, 힘을 줄 때 어떤 반응이 생기는지, 어떻게 움직여야 하는지에 대한 정보를 얻기 때문이다.

 누워 있기 싫어하는 우리 아기, 이렇게 도와줘요!

1. 공을 쥐어줘요.

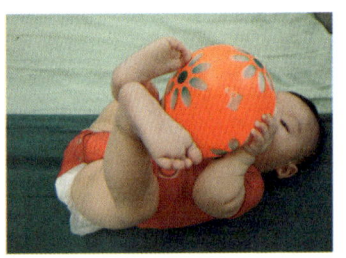

누워 있는 아기가 손을 뻗어 닿을 듯한 거리에서 공을 보여주고, 아기가 흥미를 보이면서 비치볼을 잡으려고 팔을 뻗으면 공을 쥐어줍니다. 이 시기에 아기는 손가락을 펴고 손바닥 전체로 공을 감쌀 수 있기 때문에 안정된 자세로 공을 안고 놀 수 있습니다. 이렇게 하면 아기가 자연스럽게 누워 있을 수 있게 될 뿐 아니라 공을 가지고 놀면서 손발을 움직이는 연습도 할 수 있습니다.

2. '양다리 구부리기'를 해줘요.

① 아기를 바르게 눕혀요.

② 양손으로 아기의 발을 잡고 양다리를 쭉 편 후 90도 정도 구부려 줘요. 이 때 고개는 가운데에 있도록 합니다.

③ ②의 동작을 반복해요.

원하는 물건을 잡으려고 손을 뻗어요

6개월 · 24주   **손가락**

이 시기에 아기는 목표로 하는 사물을 잡기 위해 손을 더 자유롭게 뻗을 수 있다. 4개월 때는 사물을 향해 곧바로 손을 뻗는 것이 아니라 팔로 원을 그리듯 움직였다면 이제는 눈앞 대각선 방향에 있는 사물에도 손을 자연스럽게 곧바로 뻗을 수 있다.

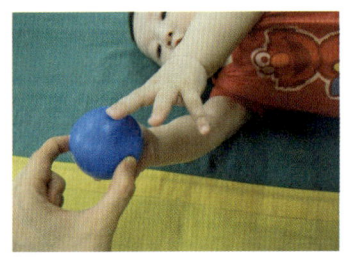

또한 이 시기에 아기는 엄지와 검지로 물체를 잡을 수도 있다. 아기의 손가락 발달은 신경과 근육의 상호작용이 잘 이루어짐을 보여주기 때문에 매우 중요하다.

💡 **우리 아기 손 반대방향으로 잘 뻗는지, 이렇게 확인해요!**

① 아기를 눕혀놓아요.
② 아기가 좋아하는 장난감을 눈앞에 보여준 다음 오른쪽으로 천천히 움직이며 장난감을 향해 내미는 손이 왼손인지 확인해요.
③ 방향을 바꾸어 내미는 손이 오른손인지 확인해요.
➜ 아기가 장난감이 움직이는 방향과 반대의 손을 내밀 수 있어야 합니다. 같은 방향의 손을 내밀면 아기의 오른팔을 왼쪽으로, 왼팔을 오른쪽으로 스트레칭

해줍니다.

 우리 아기 손가락 발달, 이렇게 도와줘요!

아기에게 다양한 소재의 물건을 주어 만질 수 있게 해줘요. 나무, 플라스틱, 헝겊 등 다양한 소재의 장난감은 촉감뿐만 아니라 맛도 다릅니다. 아기는 생후 1년까지 입으로 물체를 맛보며 탐색하기 때문에 아기에게 주는 물건이 입에 넣어도 안전한 것인지 항상 신경 써야 합니다.

물건을 가려도 없어지지 않았다는 걸 알아요

6개월 · 24주　　**감각 · 지각**

이 시기에 이르면 아기는 <u>물체가 어떤 것에 가려져서 보이지 않더라도 그것이 사라지지 않고 계속 존재하고 있다는 것(대상영속성)을 안다.</u>

대상영속성을 이해하지 못한 아기는 물체가 가려져 안 보이면 마치 그 물체가 처음부터 그 장소에 없었던 것처럼 행동한다. 그러나 대상영속성을 이해한 아기는 방해물을 제거하고 그 물체를 찾아낸다. 이를 통해 사물이 자신과 독립적으로 존재하고 자기 역시 독립적인 개체로 존재함을 인식하게 된다.

또한 아기는 높이와 깊이를 알게 된다. 양육자의 품에 안겨 장난감을 가지고 놀다가 놓쳤을 때 장난감이 어디로 떨어졌는지 살펴볼 뿐만 아니라 그 방향으로 몸을 구부린다. 이때 아기는 안겨 있는 위치에서 바닥까지의 높이를 경험하고, 이를 통해 <u>공간지각력을 발달시킨다.</u>

이 시기에 아기가 자꾸 장난감을 떨어뜨리면 손에 힘이 없어 그러는지 걱정될 수도 있겠지만, 아기가 공간지각력을 발달시키느라 그러는 것이므로 걱정하지 않아도 된다.

아기에게 젖니가 나기 시작하는 것도 이 시기이다. 아기가 음식물을 씹을 수 있게 되면서 구강 움직임과 안면근육이 왕성히 발달하는데, 둘 모두 언어 발달에 매우 중요한 요소다.

젖니가 날 무렵 이유식을 시작하자. 이때부터 서서히 젖을 줄여야 돌 무렵 젖을 뗄 수 있다.

우리 아기 손힘, 이렇게 확인해요!

아기를 눕힌 뒤 아기가 양육자의 검지를 잡고 일어나게 해요. 아기가 검지를 잡고 잘 일어난다면 손힘은 걱정하지 않아도 됩니다.

젖니 나서 짜증 내는 우리 아기, 이렇게 도와줘요!

젖니가 나면 아기는 짜증을 많이 내고, 침을 많이 흘립니다. 이럴 때는 손을 깨끗이 씻고 손가락으로 아기의 잇몸을 살살 마사지해 주면 도움이 됩니다.

우리 아기 이유식, 이렇게 시작해요!

▶ 시기: 젖니가 나는 6개월 무렵에 이유식을 시작하는 것이 적당해요. 이보다 이른 시기에는 장의 면역력이 성숙되지 않아 알레르기를 일으킬 가능성이 큽니다.

▶ 식단: 주식은 여전히 모유나 분유지만 이유식도 영양 섭취원의 역할을 해요. 그러니 영양이 균형을 이루도록 이유식 식단을 짜야 합니다.

처음엔 쌀로 시작하는 것이 좋습니다. 쌀은 알레르기 유발률도 낮고, 탄수화물 외에도 지질·단백질·비타민·무기질이 풍부하기 때문입니다. 물처럼 삼킬 수 있게 미음 형태로 시작하여 서서히 단단한 고체 형태로 씹을 수 있게 바꾸어줍니다. 또한 배변이 원활히 이루어질 수 있도록 섬유질이 풍부한 채소나 과일의 섭취도 늘립니다.

▶ 방법: 처음에는 음식을 경험하는 수준으로 작은 찻숟가락 하나 정도 먹여요. 태어나 처음 경험하는 맛, 느끼는 감촉, 입을 움직이는 일이 아이에게는 매우 새롭습니다. 또한 음식을 자연스럽게 삼킬 때까지 많은 연습이 필요하므로 적은 양으로 시작하여 서서히 늘려나가는 것이 중요합니다.

처음에는 음식을 삼키는 데 시간이 걸리고 입 밖으로 뱉어낼 수도 있습니다. 아기가 계속 힘들어하고 싫어한다면 일주일쯤 쉬었다가 다시 시작하는 것이 좋습니다.

▶ 식습관: 아기가 음식을 그냥 삼키지 않고, 씹어서 넘기는 습관을 길러주어야 해요. 그래야 이후에 덩어리진 음식을 쉽게 먹을 수 있습니다.

또한 소아비만을 부추기지 않도록 주의해야 합니다. 아기가 배고파하지 않는데도 병에 담은 우유를 마지막 한 방울까지 다 먹이려고 애쓰거나, 성장 촉진을 위해 분유를 진하게 타서 먹이거나, 우유의 양을 줄이지 않고 이유식을 일찍 시작해서 열량을 과도하게 섭취시키는 것은 식습관과 관련하여 양육자가 저지르기 쉬운 가장 큰 실수입니다. 성인의 경우 살이 찌면 비만세포의 크기가 늘어나지만 유아는 비만세포의 개체수가 늘어 살을 빼기 더 어렵다는 점을 꼭 기억합시다.

사람을 구별해서 미소를 지어요

6개월 · 24주   **사회성**

3개월경에 반사적 미소가 아닌 자신이 인식하는 사람과 사물에 반응하며 의식적으로 미소를 짓기 시작한 아기는 5~6개월경에 이르면 사람을 구별해서 미소를 짓는다. 이렇게 해서 다른 사람의 관심을 끄는데, 이는 사회적 교류의 기초가 되기 때문에 중요한 발달 지표 중 하나이다.

미국 예일대학교 의과대학 아동연구센터의 카타르지나 차와르스카Katarzyna Chawarska 박사의 연구에 따르면 정상적인 영아는 생후 6개월경 다른 사람과 그 행동에 관심을 보이기 시작하지만, 자폐 성향이 있는 경우 이러한 사회성을 보이지 않는다.

이 연구에서는 ASDAutism Spectrum Disorder, 자폐스펙트럼장애 위험이 높은 생후 6개월 영아 67명과 ASD 위험이 낮은 50명에게 3분짜리 비디오를 보여주는 실험을 실시했다. 한 여성이 샌드위치를 만들면서 카메라를 향해 이따금 인사하고 말을 거는 영상을 보고 영아들이 얼마만큼 관심을 나타내는지를 시선추적기술eye-tracking technology을 이용하여 분석했다.

영상 속에 등장하는 여성의 눈, 입을 쳐다보는 빈도와 시간을 비교해 보니 자폐증 성향이 있는 영아들은 그렇지 않은 영아들에 비해 모두 적은 것으로 나타났다.

일반적으로 이 시기의 아기는 또래 혹은 타인에게 관심을 가지며, 다른 아기를 만나면 손으로 만지려고 하거나 미소를 짓거나 옹알이를 한다. 그리고 거울을 보여주면 거울 속 인물을 자신이라고 인지하기보다는 또래 친구라고 생각하여 미소 짓고 만지려 한다.

6개월 된 우리 아기에 대해 궁금한 것들

➪ 누워 있으려 하지 않는 우리 아기, 보행기에 태워도 괜찮을까?

양육자가 좀 편해지거나 아기가 걷는 모습을 빨리 보고 싶은 마음에 아기를 보행기에 태우는 경우가 많다. 하지만 보행기를 장시간 사용하면 아기의 척추 발달에 악영향을 줄 수 있다. 영아 약 1천 명을 대상으로 한 전주예수병원 이지영 등의 연구에 따르면 하루 2시간 이상, 6개월 이상 보행기를 탄 아기의 경우 그러지 않은 아기들에 비해 기기와 혼자 걷기 등이 늦게 이뤄진 것을 관찰할 수 있었다. 아기는 기어 다니면서 척추 근육을 발달시키는데, 근육이 제대로 발달되지 않은 상태에서 무리하게 보행기를 탈 경우 척추측만증 같은 문제가 생길 수도 있다고 연구진은 보고했다. 따라서 조기에 혹은 장시간 보행기에 태우는 것은 아기의 발달에 좋지 않을 뿐만 아니라 요추근육 발달에 치명적일 수 있다. 아기가 바닥에서 기어 다니며 탐색하고 동작을 발달시킬 수 있도록 충분한 기회를 제공하는 것이 무엇보다 중요하다.

➪ 공갈젖꼭지는 언제쯤 떼는 것이 좋을까?

아기의 빨기 욕구를 충족하고 손가락 빠는 것을 예방하기 위해 공갈젖꼭지를 사용했다면, 이제는 떼어야 할 시기이다. 빨기반사가 사라지면서 빨기 욕구가 줄어들고, 이유식을 먹고 기기 시작하면서 흥미를 가질 만한 것들이 많아지기 때문이다. 또한 공갈젖꼭지를 계속 사용하면 생후 6개월부터 발병 빈도가 급격히 높아지는 급성중이염에 걸릴 가능성도 커진다. 장시간 공갈젖꼭지를 물면 귀에 압력이 높아지기 때문이다. 그러므로 공갈젖꼭지는 시간과 이유를 정해 필요할 때만 사용하도록 하자. 그리고 잠잘 때는 선잠이 든 10분 정도만 빨게 하고 빼주자. 6개월 이후에도 공갈젖꼭지를 물리면 두 돌까지 공갈젖꼭지에 의존할 수 있으므로 이 시기에 떼는 것이 좋다.

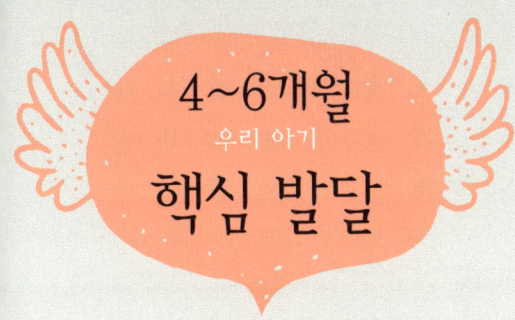

엎드려서 상체를 들어 올려요

아기는 한순간에 상체를 들어 올리는 것이 아니라 생후 1~2개월에 엎드려서 고개를 들고, 3개월경에 팔꿈치로 상체를 지탱하는 과정을 거쳐 6개월에 이르면 상체를 들고 양팔로 지탱할 수 있게 된다. 따라서 6개월에도 상체를 들고 양팔을 펴지 못한다면 이전 과정에서 빠진 동작이 없었는지, 특히 3개월에 목을 가누었는지, 5개월에 수영자세를 취했는지를 살펴보자.

많이 안고 업고 있었거나 너무 일찍 보행기에 태워서 아기가 충분히 엎드려 있지 않았던 것이 원인일 수도 있다. 아기는 엎드려 놀면서 척추기립근을 발달시키기 때문이다.

➡ **우리 아기 상체 들기, 이렇게 도와줘요!**

1. '가슴 들기'를 해줘요.
   ① 아기를 엎드려놓고, 팔을 앞으로 빼 팔꿈치가 어깨 앞으로 오게 해요.
   ② 한 손으로는 아기의 엉덩이를 누르고, 다른 한 손으로는 아기의 가슴을 받쳐 아기의 상체를 30도 정도 올려줘요. 이때 상체를 무리하게 올리지 않게 주의합니다.

③ ②번 동작을 3초씩 5번 반복해요. 아기가 힘들어하면 처음엔 아주 잠깐 올려주었다가 아기의 반응을 봐가며 차츰 시간과 횟수를 늘려갑니다.

2. 머리맡에서 양팔을 당겨 올려줘요.
  ① 아기를 엎드려놓아요.
  ② 아기의 머리맡에서 아기의 양팔을 잡아 위로 천천히 당겨 올려요. 이때 아기의 하체는 바닥에 닿아 있어야 합니다.
  ③ 아기의 팔을 천천히 내려놓아요.
  ④ ②와 ③을 아기가 힘들어하지 않게 차츰 횟수를 늘려 5회까지 반복합니다.

상체를 들지 못하던 아이

발달이 늦던 두 살 여자아이가 센터를 찾아왔다. 처음에 아이는 상체를 전혀 들지 못했고, 엎드려놓으면 얼굴을 바닥에 파묻었으며, 등이 안쪽으로 말려 있었다. 대부분 아이를 엎드려놓으면 자연스럽게 팔을 어깨 앞쪽으로 내밀거나 팔꿈치로 상체를 지탱하는데, 이 아이는 양팔이 몸통 안으로 말려 들어가 있었다. 엎드린 자세만 봐도 제대로 상체를 들어본 적이 없는 듯했고, 엄마도 아이가 영아기 때 엎드려서 상체 드는 것을 본 기억이 없다고 했다. 그래서 주 2회 엎드려서 상체 들기 동작을 반복하여 척추기립근의 힘을 길러주고, 어깨가 안쪽으로 말리는 것을 바르게 펴주었다. 약 1년 6개월간의 수업 후 신체 발달이 전반적으로 좋아지면서 아이는 어린이집에서도 잘 지낼 수 있게 되었다.

누워서 발을 만지며 놀아요

아기가 스스로 몸을 뒤집을 수 있는 경우 누워 있기보다 엎드려 있기를 좋아한다. 하지만 손과 발의 협응을 발달시키기 위해 이 시기에는 누워 있는 것도 매우 중요하다. 아기가 6개월이 지나도록 누워서 양손으로 양발이나 몸통을 만지려고 하지 않는다면 손과 발의 협응이 잘 이루어지지 않은 것은 아닌지, 이전 월령에서 제대로 하지 않은 동작은 없는지 살펴보자.

발을 가지고 놀지 못하던 아이

통합유치원에 다니던 네 살 남자아이가 동생과 함께 센터 수업에 참여한 적이 있었다. 동생은 생후 1년 동안 발달에 필요한 모든 동작을 능숙하게 했으나 형은 그러지 못했다. 가장 대표적인 것이 누워서 양발을 얼굴 가까이로 당기는 동작이었다. 그래서 아이를 눕혀놓고 무릎을 가슴으로 당겨 허리근육을 이완시켜 준 다음, 다리를 머리 쪽으로 넘기는 동작을 시켜 발의 협응을 도왔다. 또한 트램펄린에서 뛰게 해서 전신근육을 풀어주었다. 시간이 지나면서 형은 차츰 동생이 하는 모든 동작을 다 할 수 있게 되었다.

몸을 뒤집어요

생후 4개월에 이르면 아기는 몸을 좌우로 굴린다. 이를 통해 아기는 몸을 뒤집는 연습을 하고, 18주에 이르면 몸을 뒤집기 시작한다. 아기가 6개월에도 옆으로 굴러 몸을 뒤집을 수 없다면 4, 5개월에 옆으로 구르기 시작했는지, 누워서 균형을 잡을 수 있었는지를 확인해 보자.

아기의 옆 구르기 동작은 균형감각과 깊은 관계가 있는데, 이 감각에 문제가 있으면 인지 발달이 늦어질 가능성이 있기 때문에 옆 구르기는 매우 중요한 동작이다. 또한 옆으로 구르기 위해서는 척추 회전이 가능해야 하는데, 척추 회전이 안 될 경우 척추기립근 발달에 이상이 있을 수 있으므로 잘 관찰하자.

➔ 우리 아기 뒤집기, '양다리 교차시키기'로 도와줘요!

① 아기를 눕혀놓고 손으로 아기의 양다리를 한쪽씩 잡아요.
② 한쪽 다리는 바닥에 붙이고, 다른 쪽은 무릎을 굽혀 반대편으로 돌려줘요.
③ 아기의 표정을 보며 힘들어하지 않는다면 좌우 5회 반복해요. 능숙해지면 횟수를 늘립니다.

* 아기가 몸을 뒤집으려고 옆으로 누웠을 때 엉덩이를 받쳐주는 것도 도움이 됩니다.

계단을 잘 못 오르던 아이

계단 오르기를 어려워하고, 움직이는 모습이 부자연스럽던 세 살 여자아이가 센터를 찾아왔다. 아이는 일찍부터 유모차나 카시트에 누워 있는 시간이 많았고, 전반적으로 움직임이 느렸다고 했다.

우선 아이를 매트에 눕혀놓고 옆으로 구르기, 기기 등 기초적인 동작부터 교육했다. 그런 다음 트램펄린 위에서 다양하게 움직이게 했다. 이런 수업을 1년 동안 하고 나니 균형감각이 좋아져 아이는 계단을 능숙하게 오를 수 있게 되었고, 2년 후에는 세발자전거도 탈 수 있게 되면서 교육을 마칠 수 있었다.

양손으로 장난감을 번갈아 잡아요

생후 5개월경 누워 있는 아기에게 장난감을 쥐어주면 아기는 잡고 있는 장난감을 다른 손으로 옮겨 쥐며 노는 것을 볼 수 있다. 이를 통해 아기는 오른팔을 왼쪽으로 뻗고, 왼팔을 오른쪽으로 뻗는 동작을 연습하는데, 이는 원하는 방향으로 팔을 움직이기 위한 중요한 연습의 하나이다.

이 동작이 발달하면 6개월에는 원하는 물건을 의식적으로 잡을 수 있게 된다. 원하는 물건을 잡는 것은 손가락의 조작 기능뿐만 아니라 뇌의 기능도 발달했음을 의미한다.

➡ 한쪽 팔만 뻗는 우리 아기, '손 잡고 굴려주기'로 도와줘요!

① 아기를 눕혀놓고 팔은 만세하듯 머리 위로 올려놓아요.
② 아기 머리맡에서 왼손으로는 아기의 왼손을, 오른손으로는 아기의 오른손을 잡아요.
③ 아기 오른팔을 당겨서 양육자의 팔이 'X 자' 모양으로 교차되게 하면서 왼쪽으로 굴려줘요.
④ 아기의 몸통이 뒤집어지면 아기를 다시 눕힌 뒤 반대로 아기의 왼팔을 당겨서 오른쪽으로 굴려줘요.
⑤ ③~④를 각각 3번 반복해요. 아기의 반응을 보며 차츰 횟수를 늘려갑니다.

장난감을 번갈아 잡지 못하던 아이

생후 10개월이 되어서도 양손으로 장난감을 번갈아 잡지 못하는 아기가 있었다. 아기의 손을 잡으니 손힘이 약했으며 손가락 움직임도 좋지 않았다. 우선 아기의 어깨근육을 풀어주기 위해 아기 머리맡에 앉아서 양팔을 잡고 좌우로 굴려주고, 아기를 엎드려놓은 상태에서 양팔을 잡고 상체를 들어 올려주었다. 그런 다음 물건을 잡았다 놓기, 공 굴리기, 블록 쌓기 등을 통해 소근육 발달을 촉진시켜 주었다.

가정에서도 이 동작들을 반복하게 했더니 아기는 3개월 후 양손을 번갈아가며 장난감을 가지고 놀 뿐만 아니라 작은 사물도 조작할 수 있게 되었다.

그리고 돌이 지났는데도 발달이 또래보다 느린 아기가 있었다. 아빠가 6개월 때 팔을 잡고 무리하게 운동시키다가 아기의 팔이 빠진 적이 있었는데, 이후 아기 팔이 또 빠질까 봐 오랫동안 격한 동작을 삼가했다고 했다.

가끔 양육자가 아기와 무리하게 놀다가 사고가 일어나기도 한다. 때문에 놀이를 할 때는 항상 아기의 표정을 관찰하면서 아기가 힘들어하는지 좋아하는지 살펴보아야 한다. 이 아기의 경우 팔이 빠진 이후로는 상체와 손의 힘이 약해져 상체를 일으키고 혼자서 뭔가를 잡고 일어서는 데 시간이 걸렸다.

아기를 매트에 엎드려놓고 양손을 잡아 천천히 상체를 올려주는 동작부터 시작했다. 익숙해지고 나서는 혼자서 상체 들어 올리고 양팔로 지탱하기, 누워서 양육자의 손을 잡고 상체 일으키기 동작을 시켰다. 아기가 힘들어하지 않는 선에서 동작을 반복하자 차츰 손과 상체에 힘이 생기면서 혼자 일어서고 걸을 수 있게 되었다.

눈앞에서 사라진 사물을 찾아내요

생후 6개월이 되면 대상영속성이 발달하면서 기억력이 향상돼 숨겨진 물건을 찾을 수 있게 된다. 이 시기에 이르러도 아기가 숨겨진 장난감을 찾지 못하거나 물건이 사라진 방향으로 관심을 보이지 않는다면 그 원인을 찾아야 한다. 시각이나 청각에 이상은 없는지, 눈앞의 현상보다 다른 것에 더 주의가 끌린 것은 아닌지 확인해 보자.

소리 나는 공을 싫어하던 아이

소리가 나는 공을 굴리면 울면서 도망가던 세 살 여자아이가 센터를 찾아왔다. 아이는 다른 사람과의 접촉도 싫어했고, 움직임 발달도 전반적으로 늦었다. 싫어하는 소리가 들리면 몸도 경직되었기 때문에 마사지를 통해 몸을 전체적으로 이완시켜 주었다. 그런 다음 시간을 두고 다양한 소리를 하나씩 들려주면서 소리에 익숙해지도록 했다. 또한 공놀이를 통해 공에 익숙해지도록 한 뒤, 소리가 나는 공을 직접 굴려 보게 했더니 차츰 놀라지 않게 되었다. 아기가 특정 사물이나 행동을 싫어한다면 먼저 그 원인을 찾아서, 싫어하는 것을 강요하기보다는 시간을 두고 친숙해지는 방법을 찾도록 노력해야 한다.

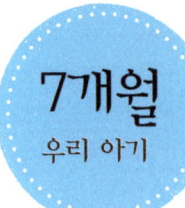

무엇을 할 수 있나?

엎드려서 한 팔로 상체를 지탱해요

7개월 · 28주 기기

앞으로 기기 위해 준비하는 아기들을 관찰해 보면 사진과 같이 손과 허벅지로 체중을 받치며 상체를 지탱하는 모습을 볼 수 있다. 이 시기에 이전 월령과 다른 점은 눈앞에 장난감을 보여주면 <u>장난감을 잡기 위해 한 손을 위로 올려 뻗고, 다른 손으로는 상체를 지탱할 수 있다</u>는 점이다.

이 동작은 상체 발달이 잘 이루어져야 가능하므로 아기가 이 동작을 할 수 없다면 이전 월령에서 하지 않았던 동작은 없었는지, 어떤

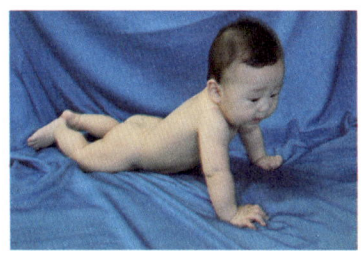
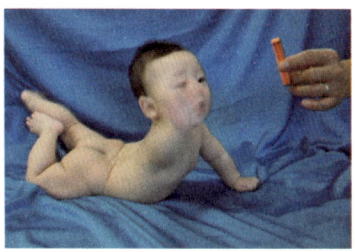

문제가 있을 가능성은 없는지 확인해 보자. 특별히 문제될 만한 점이 없다면 아기가 한쪽 팔로 상체를 지탱할 수 있도록 도와주자.

또한 이 시기에 아기는 앞으로 기기보다 <u>자기 몸을 축으로 하여 도는 것을 좋아하여</u> 옆에 장난감을 두면 두 팔을 이용하여 몸을 옆으로 움직이면서 장난감을 잡으려 한다. 이때 아기는 가까이 있는 것은 빨리 손에 닿고, 멀리 있는 것은 애써야 잡을 수 있음을 깨달으며 거리 차이를 익힌다.

아기가 몸을 뒤집을 때 한쪽으로만 뒤집는 경우가 있듯이, 빙글빙글 돌 때에도 그런 경우가 있다. 이럴 때는 아기가 양방향 모두 자연스럽게 돌 수 있도록 도와주어야 한다.

아기들은 대부분 길 수 있게 되면 곧바로 앉는데, 빠르면 기기와 앉기를 동시에 한다. 그런데 앉기를 먼저 하면 잘 기지 않게 된다. 이게 무슨 문제냐 싶겠지만 길 때 사용하는 근육들은 걸을 때에도 관여하기 때문에 충분히 기어야 잘 걸을 수 있다. 걸음걸이 문제로 센터를 찾는 아이들 중 일찍 앉아버려서 충분히 기지 않았던 경우가 많다.

또한 일찍 앉은 아기들은 사진처럼 가슴, 배, 엉덩이를 들고 기려다가 엉덩이를 뒤로 빼서 주저앉아 W 자로 앉는W position 경우가 많

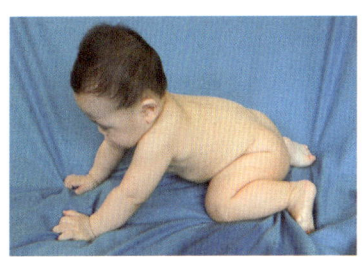
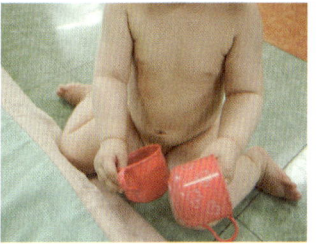

다. 그러면 안짱다리가 될 수 있고, 이후 걷는 자세에 안 좋은 영향을 끼칠 뿐만 아니라 골반과 다리근육이 불균형해질 수도 있다. 그러므로 아기가 엉덩이를 뒤로 빼서 앉지 않게 도와주는 것이 좋다.

아기가 어느 정도 앉기 시작하면 흔들목마에 태워주는 것을 흔히 볼 수 있다. 하지만 이는 아기의 발달에 좋지 않은 영향을 미칠 수 있다. 아기가 바닥에 있으면 양다리를 교대로 움직이는 다리 동작을 발달시킬 수 있지만, 흔들목마를 타면 다리가 고정되어 그럴 수 없기 때문이다. 그러므로 흔들목마는 10분 이상 태우지 않는 것이 좋다.

 한 팔로 상체를 지탱하지 못하는 우리 아기, 이렇게 도와줘요!

1. '가슴 들기'를 해줘요.
   ① 아기를 엎드려놓고, 팔을 앞으로 빼 팔꿈치가 어깨 앞으로 오게 해요.
   ② 한 손으로는 아기의 엉덩이를 누르고, 다른 한 손으로는 아기의 가슴을 받쳐 아기의 상체를 30도 정도 올려줘요. 이때 상체를 무리하게 올리지 않게 주의합니다.
   ③ ②번 동작을 3초씩 5번 반복해요. 아기가 힘들어하면 처음엔 아주 잠깐 올려주었다가 아기의 반응을 봐가며 차츰 시간과 횟수를 늘려갑니다.
2. 엎드린 아기와 마주 보고 놀이하듯 손뼉을 쳐주며 상체를 들게 유도해요.

 엉덩이를 뒤로 빼서 앉는 우리 아기, 이렇게 도와줘요!

아기가 엉덩이를 뒤로 밀어 앉으려 할 때 엉덩이를 누르고 발바닥을 받쳐줘 앞으로 기어가게 해줘요.

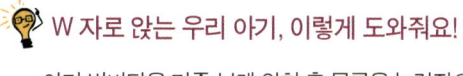 **W 자로 앉는 우리 아기, 이렇게 도와줘요!**

아기 발바닥을 마주 보게 앉힌 후 무릎을 눌러줘요.

누워서 발을 빨아요

7개월 · 28주 **앉기**

이 시기 아기를 눕혀놓으면 발을 얼굴 쪽으로 잡아당겨 입에 대고 빤다. 아기는 자기 신체를 움직이고 입에 넣어봄으로써 각 신체 부위가 어디에 위치하는지를 인지한다. 7개월에는 신체도식이 완성되어 눈, 손, 입, 발의 협응이 안정적으로 이루어진다.

그런데 이 시기가 되면 아기들은 대부분 똑바로 누워 있기보다는 뒤집어서 기거나 앉으려 할 것이다. 하지만 아기에게 누워 있는 시간은 여전히 중요하다.

이전 월령에서 발을 가지고 놀 때와 마찬가지로 누워서 발을 빨려고 상체 쪽으로 당길 때 체중이 머리 쪽에 실리며 요추가 신장되어 척추근육이 발달하기 때문이다. 이 시기 척추근육이 제대로 발달되지 않으면 허리가 이상하게 움직여 전반적으로 몸의 움직임이 어색해지고 이후 발달에도 악영향을 미칠 수 있다.

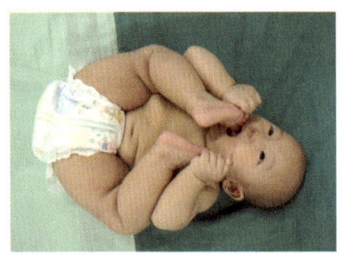

특히 일찍 기기 시작하는 아기들은 외적으로 탐색할 것이 많아져 발 빨기와 같은 신체도식 활동

에 관심을 두기 어려워지는데, 이 시기에 신체도식을 완성하지 못하는 것 또한 이후 발달에 좋지 않다. 그러므로 아기가 충분히 누워 있도록 신경 쓰자.

아기가 발을 충분히 빨았다면 몸을 일으킬 준비가 끝났다고 볼 수 있다.

우리 아기 신체도식, 이래서 중요해요!

신체도식이 제대로 형성되지 않으면 자기 몸을 제대로 통제하는 데 어려움을 겪게 돼요. 사다리를 오르내리는 것을 떠올려보면 쉽게 이해할 수 있습니다. 신체도식이 제대로 이루어진 아이는 손과 발의 위치를 잘 알아 올라갈 때와 마찬가지로 능숙하게 내려오지만, 그러지 못한 아이는 눈으로 손과 발의 위치를 확인하며 어렵게 내려오지요.

능숙하게 뒤집어요

7개월 · 28주   걷기

생후 7개월이 되면 아기는 몸의 한쪽 측면으로 몸 전체를 지탱하고, 몸의 반대편을 움직이면서 체중을 좌우로 이동하는 연습을 한다. 이를 통해서 신체 좌우를 고루 발달시킬 수 있다. 또한 균형감각이 잘 발달되어 몸을 능숙하게 굴리고 뒤집는데, 이 동작은 이후 걷는 데 중요한 영향을 미친다.

이 시기에 아기가 옆으로 누워 있는 자세는 걷는 자세와 유사하다. 바닥에 닿아 있는 다리는 서서 지탱하는 다리, 구부러진 반대편 다리는 이동할 때 앞으로 나아가는 다리의 역할을 하는 것이다. 이렇듯 옆으로 누운 자세는 보행을 준비하는 중요한 동작이다.

그러므로 아기가 이러한 움직임을 보이지 않는다면 이전 월령에서 하지 않은 동작은 없었는지, 어떤 문제가 있을 가능성은 없는지 확인해 보자. 특별히 문제될 만한 점이 없다면 아기가 이 동작을 취할 수 있게 도와주자.

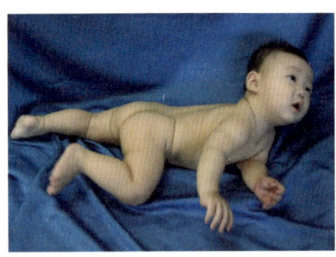

발달 문제로 센터를 찾은 아이 중에는 이 시기에 옆으로 구를 때

팔을 머리 위로 올리지 않고 가슴 아래에 두고 뒤집었던 경우가 많은데, 이는 상체가 제대로 발달하지 않았기 때문이라고 볼 수 있다. 이런 경우 옆으로 구를 때 팔을 가능한 한 머리 위로 뻗을 수 있도록 보조해 주면 도움이 된다.

💡 몸을 자연스럽게 굴리지 못하는 우리 아기, 이렇게 도와줘요!

1. **아기가 누워서 발을 빨게 해줘요.**

    발을 빨 수 있다면 척추도 자연스럽게 움직일 수 있으며, 무릎도 부드럽게 들 수 있습니다.

2. **'손 잡고 굴리기'를 해줘요.**

    ① 아기를 눕혀놓고 팔은 만세하듯 머리 위로 올려놓아요.

    ② 아기 머리맡에서 왼손으로는 아기의 왼손을, 오른손으로는 아기의 오른손을 잡아요.

    ③ 아기 오른팔을 당겨서 양육자의 팔이 'X 자' 모양으로 교차되게 하면서 왼쪽으로 굴려줘요.

    ④ 아기의 몸통이 뒤집어지면 아기를 다시 눕힌 뒤 반대로 아기의 왼팔을 당겨서 오른쪽으로 굴려줘요.

    ⑤ ③~④를 각각 3번 반복해요. 아기의 반응을 보며 차츰 횟수를 늘려갑니다.

장난감을 의도적으로 잡아요

7개월 · 28주   **손가락**

건강한 아기는 이 시기가 되면 의식적으로 장난감을 잡는다. 이는 정신 발달의 성숙을 의미하므로 매우 중요한 행동이다. 이 시기에 아기는 양손에 장난감을 쥐고 오랫동안 있기도 하며, 한 손에 쥐고 있던 물건을 다른 손으로 옮겨 쥐는 것은 물론 장난감을 이리저리 조작해 보기도 한다.

💡 우리 아기 장난감, 이런 게 좋아요!

일상에 사용되는 물건을 갖고 놀게 하는 것이 좋아요. 수건, 쿠션, 냄비, 컵, 숟가락, 화장품통 등의 익숙하면서도 다양한 촉감과 모양이 아기의 호기심을 자극합니다.

💡 우리 아기 놀이, 이런 점이 중요해요!

장난감은 항상 아기가 닿을 수 있는 거리에 두어요. 아기가 목표를 향해 움직일 때 성취감을 느끼게 해주는 것이 좋기 때문입니다. 실패가 잦으면 아기는 의욕을 상실하여 잘 움직이지 않으려 할 수도 있습니다.

7개월 된 우리 아기에 대해 궁금한 것들

⇨ 우리 아기와 어떻게 놀아주는 것이 좋을까?

옆으로 구르고, 몸을 뒤집고, 엎드려 상체를 들어 올리는 등 아기는 이전에 습득한 기술을 끊임없이 연습한다. 특히 누워 있다가 몸을 뒤집어 엎드린 자세로 바꾼 뒤 기어 다니는 연습을 많이 한다. 따라서 아기가 충분히 몸을 움직일 수 있도록 넓은 공간을 확보해 주는 것이 필요하다. 또한 손가락 움직임이 발달하여 장난감을 쥐고, 흔들고, 떨어뜨리는 등 다양한 실험을 하고 싶어한다. 아기에게 다양한 질감은 물론, 상자와 같이 깊이 있는 장난감을 제공하여 공간지각력을 발달시키도록 도와주자.

⇨ 우리 아기 언어 발달 어떻게 도와줄까?

아기는 이제 대화에 참여하려고 한다. 그러므로 아기가 옹알이를 하면 적극적으로 대답하여 소리를 더 낼 수 있도록 격려하자. 예를 들어, '우리 아기가 지금 기분이 많이 좋구나' 하고 응원의 말을 자주 해주는 것이 좋다. 또한 '물이 졸졸 흐르네' '소나기가 쏴아쏴아 내리네' 하는 것처럼 의성어와 의태어를 사용하여 대상과 소리를 짝지어 말해주면 소리에 대한 아기의 주의력을 높일 수 있어서 아주 좋다.

무엇을 할 수 있나?

양팔과 양다리를 교차로 움직이며 배밀이를 해요

8개월 · 32주 **기기**

6개월에 시작한 배밀이는 팔을 이용해 몸을 끌며 기는 것이었다면, 이제는 팔과 다리를 교차로 자연스럽게 움직이면서 포복하듯 기는 배밀이를 한다.

일반적으로 이렇게 배밀이를 할 때 아기는 팔꿈치와 아래팔(하박)을 바닥에 대고 양팔을 번갈아 몸 쪽으로 당기며 앞으로 나아간다. 오른팔/왼발, 왼팔/오른발과 같이 교차로 짝을 지어 배로 밀며 나아가기 때문에 이를 '교차패턴 배밀이'라고 한다. 교차패턴 배밀이을 할 수 있어야 이후 가슴, 배, 엉덩이를 들고 길 수 있다.

정확한 교차패턴 배밀이 동작은 오른팔의 하박(사진에서 빨간 선 부분)을 몸 쪽으로 당겨 앞으로 나아갈 때 왼쪽 무릎(사진에서 빨간 동그라미)을 굽혔다 펴면서 발끝으로 바닥을 밀고, 이어서 왼팔의 하박을 몸 쪽으로 당길 때 오른쪽 무릎을 굽혔다 펴서 발끝으로 바닥을 밀면서 앞으로 나아가는 것이다. 이때 몸 쪽으로 당기는 팔은 손바닥에서 손등으로 180도 회전하여 몸 쪽에 바싹 당겨졌을 때는 손등이 바닥에 닿아 있게 된다. 군대에서 하는 낮은 포복을 떠올리면 교차패턴 배밀이를 쉽게 이해할 수 있을 것이다. 팔과 골반의 회전이 자유로워야 가능한 동작이므로, 신체 발달이 미숙하거나 협응이 잘 이루어지지 않으면 부자연스러운 자세가 나타난다. 또한 교차패턴 배밀이는 척추 회전 발달과 관련이 있기에 중요하다. 척추기립근이 제대로 발달하지 않으면 배밀이를 제대로 하지 못하거나 이상한 자세로 할 수 있기 때문이다.

또한 단순히 앞으로 나아가는 기기에 비해 교차패턴 배밀이는 시야가 넓어지고, 동작이 커서 공간지각력을 더 잘 발달시킨다. 뿐만 아니라 허리 운동은 배를 바닥에 밀착시키고 움직이는 것이기 때문에 내장감각계에 자극을 주어 뇌와 소화기능 발달에도 좋다.

센터를 찾아온 아이들 가운데 교차패턴 배밀이를 하지 못한 아이들은 소화기관이 좋지 않거나 방어능력이 부족하거나 인지 발달이 떨어지는 경우가 많다. 그중 또래에 비해 인지 발달이 느리고 소심한 세 살 여자아이가 있었다. 아이는 자주 다른 아이들한테 물건을 뺏기고 밀쳐졌다고 했다. 방어는 인간의 본능인데, 아이는 타인의 공격에 제대로 방어하지 못했던 것이다. 아이의 움직임을 확인해보니 균형감각이 떨어지고, 교차패턴 배밀이는커녕 잘 기지도 못했다. 두 가지 모두 전신근육뿐만 아니라 민첩성도 길러주는데, 이러한 동작을 제대로 해내지 못해서 밀쳐지는 것이었다. 엄마에게 집에서 틈틈이 아이가 교차패턴 배밀이로 기게 하라고 일러주었더니 몇 달 뒤 아기는 독립심도 강해지고, 누가 밀쳐도 밀리지 않을 만큼 균형감각이 좋아져 어린이집 생활을 잘하게 되었다.

💡 배밀이하는 우리 아기, 이것은 꼭 확인해요!

1. 배밀이할 때 손바닥을 몸 쪽으로 당기면서 손을 180도 회전하여 손등이 바닥에 닿게 하나요?

    → 배밀이하며 손목을 돌리는 것은 손의 기능을 통제하는 신경계의 성숙과도 관련이 있습니다. 만약 손목을 돌리지 못한다면 손목이 유연하지 않거나 힘이 없음을 의미하여, 이후 손 동작에 문제가 생길 수 있습니다. 예를 들어, '반짝반짝' 할 때 붙이는 율동처럼 손목을 좌우로 흔드는 걸 어려워하거나 글씨를 또박또박 쓰지 못할 수 있습니다.

2. 양팔을 교대로 사용하나요?

    → 생후 1년까지는 양손, 양발이 균형 있게 발달하는 것이 중요합니다. 그 전에 한쪽만 사용하는 것이 굳어지게 되면 다른 쪽을 더욱 사용하지 않게 됩니다.

💡 교차패턴 배밀이 못 하는 우리 아기, '엎드려놓고 엉덩이 누르기'로 도와줘요!

① 아기를 엎드려놓고 엉덩이를 지그시 눌러주면 아기는 자연스럽게 상체를 들어 올려요.

② 만약 아기가 상체를 들어 올리지 않는다면 장난감으로 시선을 끌어 상체를 들어 올리도록 유도합니다.

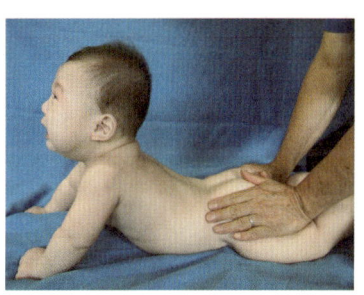

③ 아기가 양팔로 상체를 3초간 버티게 한 후 아기를 다시 엎드려놓아요.

④ ①~③을 반복해요. 아기가 익숙해지면 버티는 시간을 늘립니다.

* 엉덩이 누르기는 상체를 들지 못하는 아기들뿐만 아니라 교차패턴 배밀이를 할 때 아래팔을 사용하지 않는 아기들에게도 도움이 됩니다.

💡 한 팔로만 기는 우리 아기, 이렇게 도와줘요!

1. 사용하지 않는 손으로 장난감을 쥐게 해줘요.

   팔을 잘 쓰지 않는 쪽 눈앞에 장난감을 놔준 다음 아기가 익숙한 손을 뻗을 때 사용하지 않는 손을 당겨 장난감을 쥐도록 이끌어 줍니다.

2. 옆구리에 붙어 있는 팔을 머리 위로 당겨줘요.

   한쪽 팔로만 기는 아기들 중에는 사용하지 않는 다른 팔이 옆구리 옆에 붙어 있는 경우가 많습니다.

비스듬히 누웠다 앉아요

8개월 · 32주　　**앉기**

등을 대고 누워 있던 아기는 비스듬히 눕거나 옆으로 굴러 몸을 뒤집는 등 좌우로 구르며 무게중심을 옮기는 연습을 한다. 그러다가 익숙해지면 어느 순간 비스듬히 누운 상태에서 팔로 상체를 지탱하고 다리를 살짝 구부려 무게중심을 아래쪽으로 이동하며 앉는 방법을 터득하는데, 그러면 앉혀주지 않아도 아기 스스로 앉을 수 있게 된다.

　대부분 위쪽에 있는 물건을 잡으려고 한쪽 팔을 뻗으면서 다른 쪽 팔로 상체를 지탱하다 우연히 앉는 법을 터득하게 된다. 발달에 이상이 있거나 팔힘이 약한 경우 팔을 위로 올리지도, 손바닥으로 몸을 지탱하지도 못한다.

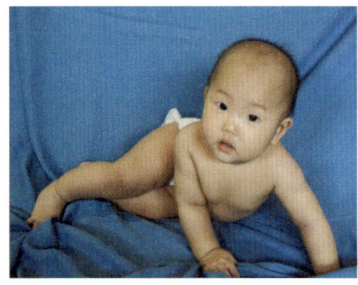 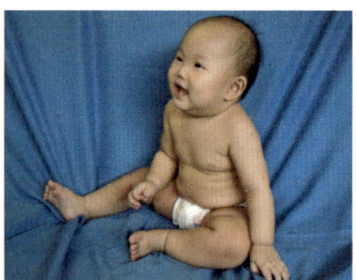

아기는 다른 방법으로 앉기를 터득하기도 한다. 앞서 말한 것처럼 가슴, 배, 엉덩이를 들고 팔다리를 움직여 기려다가 엉덩이와 하체의 체중이 뒤로 쏠려 주저앉는 것이 그 하나이다. 이럴 경우 W 자로 앉게 될 수 있으므로 아기가 기려다가 앉는다면, 비스듬히 누웠다 앉도록 도와주자.

이 시기에 아기들은 배를 바닥에 대고 엎드려 몸을 좌우로 움직이며 노는 것을 좋아하는데, 이는 무게중심을 좌우로 움직여 균형 잡는 법을 터득하는 데 도움이 되기 때문에 중요하다. 이때도 한쪽 방향으로만 움직인다면 양방향으로 움직이도록 도와주어 아기의 척추가 양방향으로 고르게 움직일 수 있게 해주자.

또한 엎드려 노는 아기에게 좋아하는 장난감을 보이면 아기는 장난감을 향해 몸을 트는데, 한쪽 손의 손바닥 전체로 체중을 지탱하고서 방향을 쉽게 바꾸기 위해 엄지발가락에 힘을 주고 있는 것을 볼수 있다. 이때 척추 회전이 부자연스러운 아기는 움직이기 쉬운 방향으로만 돌기 때문에 한쪽 방향으로만 도는 경향을 보인다. 계속 한쪽으로만 돌 경우 장기적으로 골반이 비틀어질 수 있으므로 양방향으로 회전하도록 도와주자.

💡 팔힘이 약한 우리 아기, 이렇게 도와줘요!

아기를 눕히고 아기가 양육자의 검지손가락을 잡고 일어나게 해요. 이렇게 하면 팔힘이 약한지 확인할 수도 있고, 팔힘을 길러줄 뿐 아니라 배와 허리 근육을 강화하는 데도 좋습니다. 처음부터 무리해서 많은 시간을 연습하기보다 연습 시간을 차츰 늘려나갑니다. 또한 잘 일어나게 되면 양육자의 손가락을 잡고 매달리게 해봅니다.

💡 비스듬히 누웠다 앉을 줄 모르는 우리 아기, 이렇게 도와줘요!

① 아기를 눕히고 마주 보도록 앉습니다.
② 오른손으로 아기의 왼손과 왼발을, 왼손으로 아기의 오른손과 오른발을 아기의 아랫배 부근에서 모아 쥐어요. 그러면 아기의 고개와 엉덩이가 들리게 됩니다.
③ 아기를 양옆으로 굴려줘요.
＊ 이 동작은 척추 회전과 복근을 발달시켜 아기가 비스듬히 누운 자세에서 앉는 방법을 터득하도록 도와줍니다.

엎드려 있다가 옆으로 굴러 누워요

8개월·32주   걷기

생후 8개월에 이르면 아기는 엎드린 자세에서 옆으로 굴러 등을 대고 누울 수 있게 된다. 이는 척추가 양쪽으로 잘 회전하고 무게중심을 옮길 수 있어야 할 수 있는 동작이다.

이 시기에 아기는 몸을 뒤집고, 굴리고, 상체를 드는 등 자기 몸을 자유자재로 움직이며 주변을 탐색하고 자신을 둘러싼 환경에 대해 공부한다.

이 시기에 이르러서도 아기가 몸을 자유자재로 움직이지 못하거나 부자연스럽게 움직인다면, 원인은 다음과 같이 다양하다.

첫째, 엎드려 놨을 때 팔이 상체 아래에 깔려 있기 때문이다. 아기가 엎드

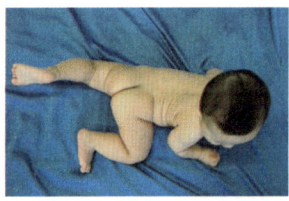
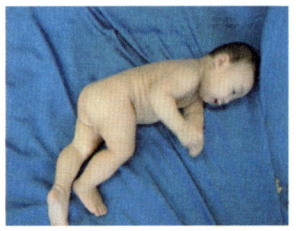
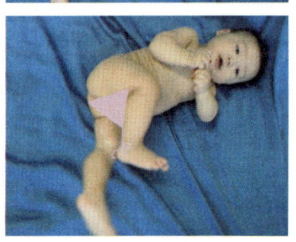
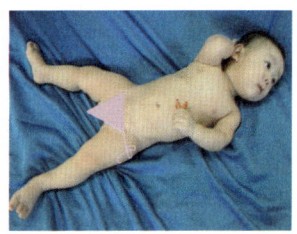

렸을 때 팔로 상체를 밀어내야 몸을 뒤집을 수 있는데, 팔이 상체 아래 깔려 있으면 상체를 밀어낼 수 없다.

둘째, 고개를 들지 못하기 때문이다. 목을 가누면 무게중심을 배근과 복근에 실어 몸을 뒤집을 수 있지만, 그러지 못하면 무게중심을 옮길 수 없으므로 뒤집을 수가 없다.

셋째, 다리를 구부리지 못하기 때문이다. 엎드려 있을 때 다리를 구부리지 못하면 몸을 뒤집을 때 척추가 자연스럽게 회전할 수 없다. 이런 경우, 아기가 이전 월령에서 발을 충분히 빨았는지 확인해보자. 아기가 발을 충분히 빨았다면 엎드렸을 때 자연스럽게 한쪽 다리를 구부려 몸을 뒤집을 수 있을 테니 다른 방법으로 도와줘야 한다.

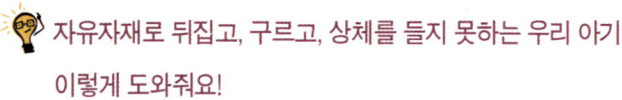

자유자재로 뒤집고, 구르고, 상체를 들지 못하는 우리 아기, 이렇게 도와줘요!

1. **팔이 상체 아래 깔려 있다면,**

   아기를 엎드려놓고 상체를 들어 한 팔로 장난감을 잡는 연습을 시켜요. 양어깨와 양팔의 힘이 균형 있게 발달할 수 있도록 좌우 교대로 시킵니다.

2. **고개를 들지 못한다면,**

   '가슴 들기'를 해줘요.

   ① 아기를 엎드려놓고, 팔을 앞으로 빼 팔꿈치가 어깨 앞으로 오게 해요.

   ② 한 손으로는 아기의 엉덩이를 누르고, 다른 한 손으로는 아기의 가슴을 받치고 아기의 상체를 30도 정도 올려줘요. 이때 상체를 무리하게 올리지 않게 주의합니다.

③ ②번 동작을 3초씩 5번 반복해요. 아기가 힘들어하면 처음엔 아주 잠깐만 올렸다가 아기의 반응을 봐가며 차츰 시간과 횟수를 늘려갑니다.

3. 허리를 돌리거나 다리를 구부리는 동작이 자연스럽지 못하다면, '양다리 교차시키기'를 해줘요.

① 아기를 눕혀놓고 손으로 아기의 양다리를 한쪽씩 잡아요.

② 한쪽 다리는 바닥에 붙이고, 다른 쪽은 무릎을 굽혀 반대편으로 돌려줘요.

③ 아기의 표정을 보며 힘들어하지 않는다면 좌우 5회 반복해요. 능숙해지면 횟수를 늘립니다.

양손을 자유롭게 사용해요

8개월 · 32주 **손가락**

이 시기 소근육이 더욱 발달한 아기는 이전에 비해 더 작은 물체를 잘 잡는다. 예를 들어, 이전에는 크기가 사과 반 조각 정도는 되어야 잡고 먹었다면, 이 시기에는 딸기, 블루베리와 같이 작고 둥근 과일도 집어 먹을 수 있을 만큼 손가락을 정교하게 움직인다.

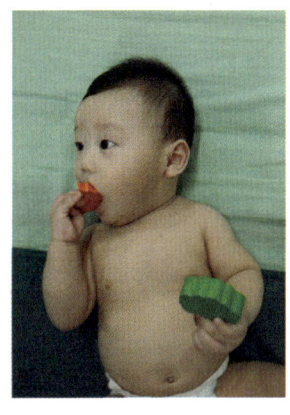

또한 양손도 이전보다 훨씬 자유롭게 사용할 수 있어서 원하는 사물이 앞에 있을 경우, 더 자주 만지고 입에 넣는다. 아기 스스로 음식을 집어 먹는 것이 그 대표적인 예다. 아기 스스로 음식을 먹을 수 있다는 것은 손을 조절하는 능력이 발달했을 뿐만 아니라 독립심이 형성되었음 또한 의미한다.

💡 **우리 아기 소근육 발달, 이렇게 도와줘요!**

① 아기가 손에 잘 쥘 수 있는 물건을 골라 쥐고 한쪽 손에서 다른 쪽 손으로 옮기는 것을 아기에게 보여줘요.

② 아기의 왼손에 그 물건을 쥐어준 뒤 아기가 흥미를 느끼는 또 다른 물건을 왼손 가까이 내밀어서 처음에 쥐었던 물건을 오른손으로 옮기도록 유도해요.
③ 아기가 양손을 잘 쓰게 되면 다른 물건으로 다시 해봐요.

가려진 물건을 찾아내요

8개월 · 32주　　**감각 · 지각**

생후 8개월은 뇌 속 시냅스 발달이 일생 중 가장 활발한 시기여서 아기의 호기심이 왕성해진다. 이에 따라 사물에 대한 관심과 이해가 커지면서 대상영속성 개념이 더욱 명확해진다. 때문에 아기가 가지고 놀던 장난감을 감추면 아기는 곧잘 이를 찾아낸다. 예를 들어, 장난감을 아기 눈앞에서 수건으로 가리면 아기는 수건을 들춰 장난감을 찾아낸다. 또한 보이지 않는 곳에서 말하는 사람을 찾아내기도 한다. 행동반경이 넓어진 아기는 온 방을 돌아다니며 감춰놓은 장난감을 찾아내기도 한다.

8개월이 지날 무렵이 되면 아기는 사물이나 사람의 이름을 20가지 정도 알게 되고, '가자' '엄마한테 와' 같은 짧은 문장에 확실하게

응답하며, '안 돼'라는 말의 의미를 이해하여 대체로 하는 행동을 멈춘다.

소통의 범위도 훨씬 넓어져 몸짓으로도 의사를 표현하는데, 원하는 것을 손가락으로 가리키거나 부정의 신호로 고개를 좌우로 흔들거나 긍정의 의미로 고개를 끄덕이는 모습을 보인다.

이 시기에 아기는 혼자 장난감을 잡고 놓는 방법, 물건을 떨어뜨려 높이를 가늠하는 방법 등을 실험하기 위해 장난감을 이전보다 더 자주 반복하여 떨어뜨릴 것이다. 그때마다 '어! 떨어졌네' 하고 말해주면 아기는 자기가 하는 행동이 무엇인지 언어로 익히게 된다.

낯을 가려요

8개월 · 32주 **사회성**

아기에게 거울을 비춰주면 거울 속에 비친 모습을 물끄러미 쳐다보지만 그것이 자신이라는 것은 아직 인지하지 못하여 경계한다. 또한 낯선 사람을 의심하며 두렵게 쳐다본다. 8개월에 아기가 익숙하지 않은 대상에 반응하는 이러한 방식을 심리학적 용어로 '낯선이불안'stranger anxiety이라고 하는데, 이보다는 '낯가림'이라는 표현이 더 익숙할 것이다. 이른 경우 6개월부터 나타나기도 한다.

    낯가림은 낯선 사람에 대한 판단력이 발달했으며, 정서가 더 풍부해졌음을 의미한다. 낯가림을 하는 아기는 엄마나 가족이 아닌 다른 사람이 자기를 안아보려 하면 재빨리 피한다. 뿐만 아니라 낯선 장소도 무서워하여 보호자와 떨어지면 울기 시작한다. 낯가림이 심할 경우 자기 영역에 다른 사람이 나타나기만 해도 경계하고 울 수 있다. 이 시기에 아기가 낯선 대상을 보고 불안해하고 양육자에게 매달린다면 충분히 받아주고 안심시켜 주는 것이 좋다.

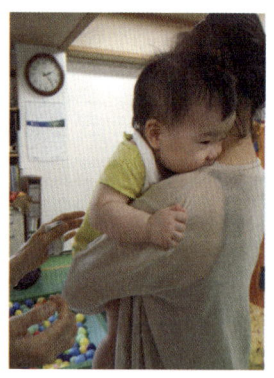

이 시기에 아기가 낯선 사람을 경계하고, 상호작용을 발달시킬 수 있는 가장 큰 이유는 앞서 말한 것처럼 생후 8개월에 아기 뇌 발달이 가장 활발하게 이루어지기 때문이다. 시냅스는 반복적으로 자극하면 굵고 강해지지만 자극이 없으면 사라져 버린다. 그러므로 특정 감각에 치우치기보다 다양하게 활동하도록 하는 것이 아기의 뇌 발달에 좋다.

 우리 아기 낯가림, 이렇게 도와줘요!

1. **아기와 함께 자주 외출해요.**
   이렇게 하면 낯선 환경에 대한 불안감을 낮춰줄 수 있습니다.
2. **성인보다는 비슷한 또래를 만나게 해줘요.**
   이때는 아기가 주변 환경을 탐색하여 안정감을 느끼게 한 뒤 만나게 하는 것이 좋습니다.
3. **가족사진 보기 놀이를 해요.**
   가족사진을 보면서 '이게 누구야? 할아버지네!' 하고 말해주면서 가족 구성원에게 익숙해지도록 도와줍니다. 같은 방법으로 아기와 낯선 사람이 담겨 있는 사진을 보면서 가족 말고도 다른 여러 사람의 얼굴을 익히게 하는 것도 좋습니다.
4. **아기가 거울에 비친 자기 모습을 알아보게 도와줘요.**
   아기가 거울에 비친 자기 모습을 관찰할 때 '우리 아기 어디 있니?' 하고 물어보고, 아기가 거울 속 자신을 가리키지 않으면 아기 손가락을 잡고 거울에 비친 모습을 가리키며 '여기 있네' 하며 자신을 인식할 수 있도록 도와줍니다. 아기가 자신을 가리키면서 팔을 뻗거나 거울에 비친 자기 얼굴 부분을 두드리며 가리키면 '우리 아기 여기 있구나' 하며 칭찬해 줍니다.

8개월 된 우리 아기에 대해 궁금한 것들

⇨ 우리 아기 언어 발달 어떻게 도와줄까?

이 시기 아기는 물건을 떨어뜨리면서 자기 능력을 시험해 보는 것을 특히나 좋아한다. 물건을 떨어뜨리면서 손가락을 이렇게 저렇게 움직여 보고, 떨어진 물건이 시야에서 사라질 경우 사라진 물건을 찾으면서 기억력을 발달시킨다. 아기가 물건을 떨어뜨릴 때 '△△가 떨어졌네'라고 말해주면 아기의 언어 발달에 도움이 된다. 자기가 떨어뜨린 사물의 명칭뿐만 아니라 자신의 행위를 무엇이라 하는지 아기가 알 수 있도록 반복해 주자.

⇨ 우리 아기와 어떻게 놀아줄까?

함께 놀아주면 가장 기뻐하는 시기이다. 까꿍 놀이 같은 간단한 주고받기 놀이도 여전히 좋아한다. 기억력이 발달했기 때문에 이전보다 얼굴을 가리고 있는 시간을 조금 길게 하는 식으로 변형하는 것이 좋다.

다른 사람을 흉내 내는 것도 무척 좋아한다. 재미있는 표정이나 동작을 보여주거나 물건을 아기와 주고받는 것도 좋은 놀이 방법이다. 모방행동은 타인의 감정을 파악하고 공감하는 중요한 능력으로 발전해, 돌이 될 즈음엔 상대방의 기분을 파악하고 우는 사람을 보면 따라 울기도 한다.

손동작도 정교해져 엄지와 검지만으로 물건을 용기 안에 넣거나 밖으로 꺼낼 수 있다. 이 시기에 아기가 떨어뜨린 물건을 어른이 주워주는 것은 아기가 무척 즐거워하는 놀이이니 맘껏 놀아주자.

그러나 가능한 한 TV, 비디오, 휴대전화 동영상은 보여주지 말자. 이 소중한 시기에 아기는 배울 것이 너무나 많은데, 이러한 기기들은 그 기회를 박탈한다. 하루 TV 시청시간이 한 시간 늘 때마다 일곱 살 이후 주의력 결핍 위험성이 10%씩 상승한다는 연구 결과도 있다.

무엇을 할 수 있나?

팔과 무릎으로 지탱하며
가슴, 배, 엉덩이를 들어요

9개월 · 36주   기기

아기는 이제 배밀이를 벗어나 가슴, 배, 엉덩이를 들고 기어나가려고 한다. 그러기 위해 가슴, 배, 엉덩이를 들고 팔과 무릎으로 몸을 지탱하여 앞뒤로 흔들거리면서 균형을 잡는다. 앞서 말했지만 기려고 하다가 뒤로 주저앉아 버리는 경우가 있는데, 앉는 것에 익숙해진 아기는 잘 기지 않게 된다. 기는 것은 훗날 걷기뿐 아니라 ADHD와도 밀접한 관련이 있다.

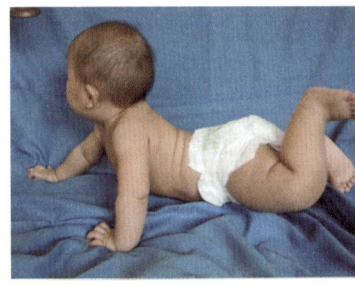
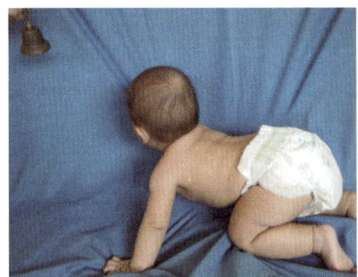

미국의 소아정신과 전문의 사운드라 길필런Saundra K. Gilfillan에 따르면 ADHD 아이들의 경우 잠을 잘 자지 않거나 음식에 대해 별로 관심을 보이지도 않을 뿐더러, 아기 때 배밀이를 하지도 않고 기지도 않았거나 두 가지 동작을 했어도 아주 짧은 기간 동안만 한 것으로 관찰되었다.

유치원에서 산만하고 다소 공격적이던 아이가 센터를 찾아온 적이 있었다. 물론 아직 어려서 ADHD인지 판단하기는 어려웠지만 엄마는 그럴 가능성에 대해 무척 걱정했다. 상담을 해보니 아이가 배밀이를 하지 않고 기지도 않고 바로 앉았음을 알 수 있었다.

그래서 아이에게 집중적으로 배밀이를 시켰다. 동작이 좋아지자 집중력도 좋아지고 공격적인 성향도 줄었다. 그 결과 아이는 유치원 생활도 원만하게 잘해 낼 수 있게 되었다.

이처럼 배밀이와 기기는 전반적인 발달에 무척 중요한 영향을 미치므로 아기가 충분히 배밀이를 하는지, 기는지 주의 깊게 살펴보자.

뭔가를 잡고 일어서요

9개월 · 36주   걷기

이 시기에 이르면 아기는 가구나 벽 등을 잡고 일어선다. 사물을 향해 양손을 위로 뻗고 무릎을 세운 뒤 몸을 위로 당기며 일어선다. 이제 아기의 활동범위는 누워 있을 때와는 비교가 안 되게 넓어진다.

체코의 소아신경학자 바츨라프 보이타Václav Vojta 1917~2000에 따르면 척추를 세우며 일어나는 움직임은 바닥에 누워 지내는 생후 3개월 때부터 이미 이루어진다고 한다. 아기가 눕고, 구르고, 뒤집는 동작을 통해 중추신경계가 발달한다는 것이다. 따라서 10개월에 이르러서도 아기가 일어서지 못한다면 '중추적 협동운동장애'를 의심해 볼 수 있다. 이는 척추기립근 및 골격근 기능 결함의 원인이 될 수

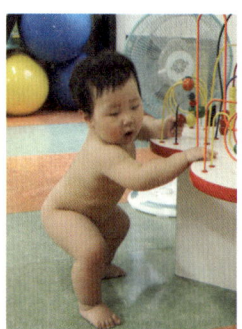
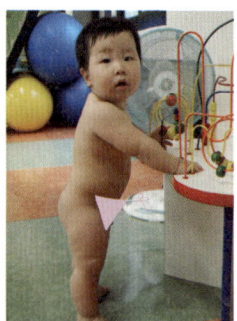

있으므로 전문가의 상담을 받아보는 것이 좋다.

이렇게 연습에 연습을 거듭한 뒤 몸을 똑바로 세울 수 있을 만큼 충분한 힘이 생기면 아기는 바닥이라는 2차원 공간에서 벗어나 몸을 세워 3차원 공간으로 나아간다. 빠른 아기는 9개월부터 잡고 일어선 다음 혼자 서 있다가 한두 발자국 떼기도 한다.

이 시기에 아기가 앉아 있을 때 손을 살짝 당겨주면 몸을 일으켜 두 다리로 설 수 있다.

뭔가를 잡고 일어서는 우리 아기, 이것은 꼭 확인해요!

아기가 양 무릎을 동시에 펴는지 확인해요. 양 무릎을 구부렸다 펴며 일어서야 체중이 고르게 분산되고, 균형 있게 발달할 수 있습니다.

물건을 잡았다가 놓아요

9개월 · 36주 **손가락**

9개월이 지날 무렵 아기는 <u>의식적으로 손가락을 모두 편다</u>. 엄지, 검지, 중지만으로 작은 물건을 잡고, 잡았던 물건을 놓을 수도 있다.

또한 사물을 그 특성에 따라 다르게 다룬다. 쌓기 블록을 두드리면 시끄러운 소리가 난다는 것, 고무인형을 누르면 삑삑 소리가 난다는

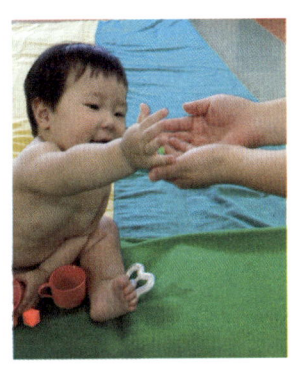

것을 알게 되고, 물건을 조심스럽게 바닥에 내려놓을 줄도 안다. 이렇게 하여 아기는 섬세한 운동능력을 기르고, 물건의 특성과 기능을 알아나간다.

이 시기에는 다칠 위험이 있는 물건을 가지고 놀지 않도록 철저히 신경 써야 한다.

💡 **물건을 쥐었다 놓지 못하는 우리 아기, 이렇게 도와줘요!**

1. 손 마사지를 해줘요.

① 아기의 주먹 쥔 손에 양육자의 엄지를 부드럽게 밀어 넣어요.

② 엄지를 손바닥에서 손가락 방향으로 부드럽게 쓸어줘요.

③ 아기의 손바닥과 손등을 쓰다듬어 줘요.

2. **잼잼 놀이를 해요.**

   이를 통해 아기는 주먹을 쥐었다가 펴는 연습을 할 수 있습니다.

3. **블록이나 왕구슬 크기 정도의 물건을 잡았다 놓는 연습을 시켜줘요.**

   주먹을 쥐고 펴는 것이 능숙해지면 이 연습을 시켜줍니다. 이에 익숙해지면 더 작은 물건으로 같은 연습을 합니다.

컵 안에 장난감을 넣었다 꺼내요

9개월 · 36주　　**감각 · 지각**

아기는 통 안에 있는 장난감을 인지하고 그 장난감을 잡는다. 통 안에 든 장난감을 꺼냈다 다시 그 속에 떨어뜨렸다를 반복하며 이때 나는 소리에 흥미를 갖는다. 이러한 놀이를 통해 아기는 사물의 안과 밖이라는 공간 차이를 경험한다. 또한 이 시기에 아기는 보고 듣는 대상이 같을 경우 대상의 의미를 인지할 수 있다. 따라서 이때부터 아기에게 단어의 의미를 알려줄 수 있다.

우리 아기에게 단어의 의미, 이렇게 알려줘요!

양육자가 보는 것보다 아기가 보는 것을 가리키며 명칭을 말해주고 설명해 줘요. 아기가 공을 바라본다면 '저것은 공이야'라고 명칭을 말해주고 '데굴데굴 굴러가네'와 같이 움직임을 설명해 줍니다. 어른이 선택한 것에 대해 말해준 경우보다 아기가 주의를 기울이고 있는 사물에 대해 말해준 경우에 아기가 훨씬 더 잘 기억했다는 연구 결과가 있습니다.

자기가 원하는 것을 주장해요

9개월 · 36주　　**사회성**

이 시기에 아기는 자기가 원하는 것을 주장하고 그것이 이루어지지 않으면 떼를 쓰기 시작한다. 이때 양육자가 확고하고 일관적인 태도를 보이는 것이 정말 중요하다.

예를 들어, 식사 중 아기가 입안의 음식물을 뱉었다 먹었다 하며 장난칠 때 엄마는 단호하게 혼내지만 아빠는 그러지 않으면 아기는 그 행동이 해도 되는 것인지 아닌지 혼란스러워한다. 따라서 양육자들이 일관된 태도를 보여주는 것이 중요하다. 어느 때는 기분이 좋아서 된다고 하다가 어떤 때는 기분 나빠서 안 된다고 하는 식의 비일관적인 행동도 하지 않도록 주의하자.

아기는 원하는 것을 표현하고 주변의 관심을 사려고 떼를 쓰기도 하지만, 원하는 대로 될 경우에도 계속 떼를 쓸 수 있다. 따라서 떼쓰기 전에 일정한 원칙을 정해 예방하는 것이 중요하다.

금지된 행동에 대해서는 '안 돼' '하지 마'와 같이 단호하며 간결한 언어를 사용하는 것이 좋다. 언어 발달이 빠른 아기는 '안 돼' '하지 마'와 같은 말을 듣고 동작을 멈출 수도 있다.

자신을 절제하는 방법을 깨우치는 것은 사회의 일원으로 살아가야 하는 아기에게는 무척 중요한 일이다. 그러므로 이 시기에 아기가 해도 되는 것과 해서는 안 되는 것을 구분하게 해주는 것은 양육자가 꼭 해야 할 일이다. '안 돼'라는 말을 너무 많이 하면 아기가 위축되지 않을까 걱정하는 경우가 많은데, 칭찬할 것은 칭찬하고 안 되는 것은 일관성을 가지고 금지한다면 그런 걱정을 할 필요는 없다.

또한 이 시기에 아기는 독립적으로 행동하기 시작한다. 과자를 주면 혼자 입에 넣어 먹고, 손가락 힘이 조금 더 세지면 우유병이나 컵도 스스로 양손으로 잡아 입으로 가져가기도 한다. 이때 아기 스스로 할 수 있는 기회를 많이 제공해 독립심을 키워주는 것이 좋다. 아기 혼자 먹으면 음식을 흘려 얼굴이나 옷은 물론 주변을 더럽힐 수 있지만, 이를 지켜보는 인내가 필요하다. 이것이 번거로워 아기에게 음식을 계속 떠먹여 주면 아기는 더 의존적인 성향을 띨 수 있다.

우리 아기 혼자 음료수 마시기, 이렇게 도와줘요!

① 우유나 물 같은 액체 또는 요거트나 크림스프 같은 걸쭉한 음식을 컵에 담아요. 이때 너무 많이 담으면 아기가 컵을 드는 데 힘이 들 뿐만 아니라 쏟을 수 있으니 조금만 담아줍니다. 또 아기가 컵을 쉽게 다룰 수 있도록 처음에는 가벼운 컵으로 연습하다가 익숙해지면 좀더 무거운 컵을 사용합니다.

② 양육자는 아기 뒤에 앉아서 아기가 컵을 들어 입으로 가져가고 다시 내려놓을 수 있도록 아기의 양손을 잡고 시범을 보여줘요.

③ 아기가 잘하면 칭찬해 줘요.

9개월 된 우리 아기에 대해 궁금한 것들

⇨ 우리 아기와 어떻게 놀아주는 것이 좋을까?

인지력과 기억력이 발달하는 시기이므로 아기가 장난감을 가지고 놀며 학습할 수 있는 기회를 마련해 주는 것이 좋다. 예를 들어, 블록을 쥐어주면서 두 개의 블록이 부딪혔을 때는 소리가 나지만 블록으로 담요를 두들겼을 때는 소리가 나지 않는 것을 보여주는 식이다. 이를 되풀이하면 아기는 그 차이를 배우고, 원인과 결과를 체험한다.

⇨ 우리 아기 언어 발달 어떻게 도와줄까?

아기는 '안 돼' '바이바이' 정도는 듣고 행동으로 옮긴다. 그리고 자신이 요구하는 바를 알리기 위해 소리를 내는 경우가 있는데, 이때 알아주지 않으면 다시 소리를 내어 알아주기를 원하기도 한다. 가능하면 그 소리를 한 번에 이해할 수 있도록 아기의 말에 귀 기울이자. 그래야 아기가 말하는 데 자신감을 갖고 더 많이 표현하려고 노력할 것이다. 또한 아기에게 말을 걸 때에는 몸짓을 사용하는 것이 좋다. 무엇인가를 지시할 때 손가락으로 가리키거나 크고 작음 등을 표현할 때 몸짓을 사용하면 아기의 이해력을 더욱 높일 수 있다.

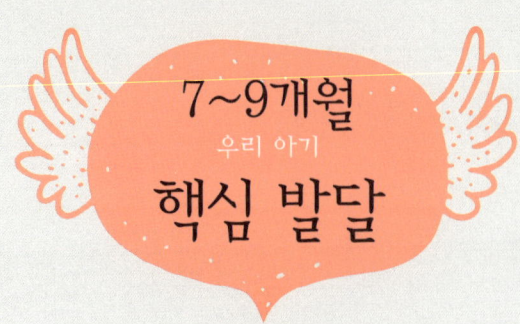

7~9개월
우리 아기
핵심 발달

교차패턴 배밀이를 해요

　7~9개월에 이루어지는 아기의 움직임 발달은 이후 아기가 걷는 과정에 매우 중요하다. 생후 6개월에 상체를 들고 양팔을 펴게 된 아기는 양팔과 양다리를 교차로 움직이며 몸을 끌듯 배밀이를 시작한다. 그리고 8개월에는 양팔과 양다리를 능숙하게 움직이면서 포복하듯 교차패턴 배밀이를 하고, 9개월에는 무릎을 바닥에 대고 가슴, 배, 엉덩이를 들고 기기 위한 연습을 한다.

　아기가 엎드린 자세로 배밀이를 할 때 주의 깊게 관찰할 것은 양팔과 양다리의 움직임이다. 팔의 경우 팔꿈치가 아니라 손바닥을 바닥에 대고 손목으로 당기는지가 중요하다. 이러한 동작은 아기의 손가락 및 팔 근육을 자극하여 손가락과 손의 발달을 촉진한다. 또한 손으로 몸을 당길 때 발가락으로 바닥을 뒤로 미는 협응이 이루어져야 한다.

　양팔을 교차로 움직여서 능숙하게 배밀이를 하지 못한다면 우선 배밀이 동작을 제대로 할 수 있는지 확인해 보자. 배밀이는 하는데 양팔, 양다리를 교대로 움직여서 앞으로 나가지 못한다면 척추 회전과 관련된 허리근육 발달 미숙을 의심해 볼 수 있다.

➡ **교차패턴 배밀이 못 하는 우리 아기, '엎드려놓고 엉덩이 누르기'로 도와줘요!**

① 아기를 엎드려놓고 엉덩이를 지그시 눌러주면 아기는 자연스럽게 상체를 들어 올려요.
② 만약 아기가 상체를 들어 올리지 않는다면 장난감으로 시선을 끌어 상체를 들어 올리도록 유도합니다.
③ 아기가 양팔로 상체를 3초간 버티게 한 후 아기를 다시 엎드려놓아요.
④ ①~③을 반복해요. 아기가 익숙해지면 버티는 시간을 늘립니다.

✴✴✴✴✴✴✴✴✴✴✴✴✴✴✴✴✴✴

글씨를 못 쓰던 아이

다섯 살 된 남자아이가 학습 능력이 부족하고 사회성에도 문제가 있다고 상담을 받으러 왔다. 아이는 글씨를 잘 쓰지 못할뿐더러 책을 읽어주면 집중하지 못했고, 다른 아이들과 어울리는 데도 어려움이 있었다.
외관상으로는 별 이상이 없어 보였지만 상담을 통해서 아이가 엎드려 기지 않고 앉아서 놀다가 바로 일어나 걸었음을 알게 되었다. 배밀이 동작을 시범으로 보여주고 아이에게 바닥에서 배밀이를 해보라고 하니 아이는 어떻게 해야 할지 모르는 듯했다.

유아기의 어떤 동작이든 수없이 많은 반복을 통해 성공에 이르게 되는데, 익숙하지 않다는 것은 그 동작을 하지 못했음을 의미한다.

그래서 아이에게 배밀이를 알려주고 약 6개월간 매일 100m 이상 기도록 지도했다. 또한 누워서 상체 들기, 수영자세와 같은 동작을 통해 허리와 배의 근육을 강화했다. 이후 아이는 손힘이 생겨 글씨를 잘 쓸 수 있게 되었고, 자신감도 생겨 다른 아이들과도 잘 어울릴 수 있게 되었다.

비스듬히 누웠다 앉아요

7개월에는 아기의 눈·손·입·발의 협응이 안정적으로 이루어져 신체도식이 완성된다. 아기는 누워서 하루 종일 뒹굴거리는 것 같지만 손을 입에 넣어보고, 발을 만져봄으로써 자기 몸의 각 부위가 어디에 있으며 어떻게 사용할 수 있는지 인지하게 된다.

8개월경이 되면 누워서 놀던 아기가 옆으로 굴러 몸을 뒤집고, 측면으로 비스듬히 누울 수도 있다. 9개월에 이르면 팔꿈치나 팔로 상체를 지탱하며 비스듬히 앉을 수 있는데, 이때 허리, 겨드랑이, 팔꿈치(팔)는 삼각형 모양을 이룬다.

아기가 이 시기에도 이러한 움직임을 보이지 않는다면 이전 월령의 발달 과정을 살펴봐 빠지거나 부족한 움직임은 없었는지 확인한다. 아기에게 상체를 일으킬 만한 힘이 없거나 관련된 근육이 제대로 발달되지 않았다면 7, 6, 5개월 역순으로 움직임 발달을 살펴보며 원인을 찾는 것이 중요하다. 빠진 움직임이 있다면 그것을 반복하여 아기가 익힐 수 있도록 도와준다.

이 시기 아기가 다리를 W 자로 하여 오래 앉게 되면 안짱다리가 될 수 있으므로 앉을 때 다리를 앞으로 빼서 앉을 수 있도록 이끌어 준다.

누워서 놀지 않던 아이

자꾸 W 자로 앉으려고 하고, 장난감에도 금방 싫증을 내는 것 같다며 발달 검사를 받기 위해 센터를 찾은 10개월 된 아기가 있었다. 부모에 따르면 아기는 누워서 놀기보다 몸을 뒤집어 사물을 잡고 노는 것을 좋아했고, 또래에 비해 일찍 앉았다.

움직임 발달 과정 중 빠진 부분이 없었다면 발달이 빠른 것으로 볼 수 있지만, 아기는 중간 과정이 생략된 채 앉아버린 것이 문제였다.

누워 있는 시간이 짧았기 때문에 손과 발의 협응이 제대로 이루어지지 않았고, 앉는 것도 엉덩이를 뒤로 빼서 주저앉는 방식을 터득하여 다리를 앞으로 하여 안정적으로 앉지 못했다.

아기가 다시 손과 발의 협응을 익힐 수 있도록 누워서 발을 빠는 동작을 하게 하여 신체도식을 완성하게 하고, 비스듬히 누운 자세에서 앉도록 유도했다. 다행히 아기가 빠르게 습득하여 바르게 앉을 수 있었고, 14개월경에는 혼자 걸을 수 있게 되었다.

뭔가를 잡고 일어서요

아기가 정상적으로 발달한다면 빠른 경우 9개월경에는 사물을 잡고 혼자 일어서려 할 것이다. 10개월이 되어도 일어서려 하지 않는다면 6, 7, 8개월에 옆 구르기를 제대로 해냈는지 확인해 보자. 옆으로 구르는 동작은 척추 회전과 균형감각을 발달시키므로 능숙하게 몸을 뒤집고 걷는 데 꼭 필요하다. 아기가 옆으로 구르려 하는데 잘해내지 못한다면 십중팔구 팔을 몸통 밑에 두고 있을 것이다.

➪ 팔을 몸통 밑에 두는 우리 아기, '손 잡고 굴리기'로 도와줘요!

① 아기를 눕혀놓고 팔은 만세하듯 머리 위로 올려놓아요.
② 아기 머리맡에서 왼손으로는 아기의 왼손을, 오른손으로는 아기의 오른손을 잡아요.
③ 아기 오른팔을 당겨서 양육자의 팔이 'X 자' 모양으로 교차되게 왼쪽으로 굴려줘요.
④ 아기의 몸통이 뒤집어지면 아기를 다시 눕힌 뒤 반대로 아기의 왼팔을 당겨서 오른쪽으로 굴려줘요.
⑤ ③~④를 각각 3번 반복해요. 아기의 반응을 보며 차츰 횟수를 늘려갑니다.

점프를 못 하던 아이

유치원 생활에 어려움을 겪던 네 살 아이가 센터를 찾아왔다. 또래보다 늦은 17개월에 걷기 시작한 아이는 전반적으로 발달이 지연되어 있었다. 게다가 자세도 불안정해 보였고, 계단을 오르거나 점프를 하는 것도 어려워했다.

아이의 균형감각을 발달시키기 위해서 트램펄린에서 넘어지지 않고 뛰는 연습과 함께 옆 구르기, 상체 들기, 배밀이, 발 빨기, 뒤집기, 기기 등 생후 1년 동안의 중요한 동작을 시켰다. 약 1년 6개월간 수업을 하는 동안 아이는 점차 좋아져 유치원 생활도 자신감 있게 해낼 수 있게 되었다.

장난감을 잡았다가 떨어뜨려요

생후 9개월이 되면 아기는 손가락을 의식적으로 펼 수 있고 엄지, 검지, 중지의 소근육이 세분화되어 발달하므로 작은 물건도 잘 잡을 수 있다. 아기는 장난감을 집었다가 떨어뜨리는 놀이를 통해 높이를 익히고, 손가락을 오므리고 펴면서 발달시킨다.

아기가 작은 장난감을 갖고 놀거나 물건을 쥐고 놓는 데 양손을 다 사용하지 못한다면, 6, 7, 8개월의 손가락 발달 과정을 점검하여 어디에 문제가 있는지 원인을 찾아야 한다.

➜ **물건을 쥐었다 놓지 못하는 우리 아기, 이렇게 도와줘요!**

1. **손 마사지를 해줘요.**
   ① 아기의 주먹 쥔 손에 양육자의 엄지를 부드럽게 밀어 넣어요.
   ② 엄지를 손바닥에서 손가락 방향으로 부드럽게 쓸어줘요.
   ③ 아기의 손바닥과 손등을 쓰다듬어 줘요.
2. **잼잼 놀이를 해요.**
   이를 통해 아기는 주먹을 쥐었다가 펴는 연습을 할 수 있습니다.
3. **블록이나 왕구슬 크기 정도의 물건을 잡았다 놓는 연습을 시켜줘요.**
   주먹을 쥐고 펴는 것이 능숙해지면 이 연습을 시켜줍니다. 이에 익숙해지면 더 작은 물건으로 같은 연습을 합니다.

철봉에 매달리지 못하던 아이

두 살 된 여자아이가 어린이집에 잘 적응하지 못해 센터를 찾아왔다. 아이는 6개월 이후의 신체 발달이 전반적으로 떨어져 있는 데다 언어 능력도 떨어져서 의사 표현을 제대로 할 수 없었다. 특히 손의 기능이 좋지 않아서 물건을 잡거나 옮기는 것, 철봉에 매달리는 것을 무척 힘들어했다.

주 2회 수업을 통해서 가슴·배·엉덩이 들고 기기, 옆 구르기, 매달리기, 작은 물건 쥐고 옮기기 등 신체와 손의 기능을 향상시킬 수 있는 동작을 시켰다. 교육을 시작하고 1년 반 만에 손을 비롯한 전반적인 신체 기능이 좋아지면서 언어 능력도 향상되어 아이는 유치원에 잘 적응할 수 있었다.

깊이를 알아요

생후 9개월에 이르면 아기의 감각은 다양하게 발달한다. 대상영속성이 발달하여 숨겨진 장난감을 찾을 수 있으며, 이유식을 시작하면서 다양한 냄새를 맡고 맛을 음미하여 후각과 미각이 더욱 발달한다. 공간지각력 또한 발달하여 깊이가 있는 통 안의 장난감도 꺼낼 수 있다. 이때 감각기관과 더불어 움직임도 정상적으로 발달해야 한다.

감각기관 발달에 문제가 있다면 원인을 빨리 찾는 것이 무엇보다도 중요하다. 아기의 행동을 관찰하면서 소리에 민감한지(청각), 사람의 시선을 피하는지(시각), 안아주는 것을 싫어하는지(촉각), 어떤 음식을 싫어하는지(미각, 후각), 움직임이 둔한지(고유수용감각, 전정감각, 균형감각) 등을 세심히 확인하자.

✱✱✱✱✱✱✱✱✱✱✱✱✱✱✱✱✱✱✱✱✱✱

시선을 맞추지 않던 아이

학교 생활에 문제가 있던 초등학교 3학년 아이가 센터를 찾아왔다. 아이는 학습 능력이 떨어졌고, 다른 아이들과 어울리는 것도 어려워했다. 아이의 부모는 학습지와 과외를 통해 성적을 향상시키려고 애썼지만 성과가 별로 없었다.

아이는 초등학생 특유의 장난기 많은 밝은 모습보다는 불안하고 약한 모습을 많이 보였다. 시선을 제대로 맞추지 못하고, 또래 남자아이들이 좋아하는 로봇이나 장난감보다는 부드러운 인형에 더 관심을 가졌다. 또한 소리에 민감하여 문이 열리거나 닫히는 소리에 깜짝깜짝 놀랐다.

몇 가지 발달 검사를 해보니 운동성이나 균형감각, 손힘 등이 많이 떨어지는 것을 확인할 수 있었다. 이에 따라 철봉 매달리기와 트램펄린에서 뛰기 등을 통해 아이의 운동성과 균형감각을 향상시켰다. 또 목소리가 작았기 때문에 엎드려 상체 들기 동작을 시켜 호흡 능력을 강화했고, 수업이 없는 날에는 아빠가 아이와 함께 축구를 하도록 권유했다. 이렇게 1년 정도 교육을 받고 나자 아이는 밝고 능동적인 학생이 되었다.

낯을 가려요

이르면 6개월, 늦어도 8개월부터 아기는 낯가림을 시작한다. 이는 나에게 안전한 사람과 그렇지 않은 사람을 구분하는 것으로 인지 발달이 매우 잘 이루어졌음을 의미한다. 발달장애가 있는 아기들 가운데 낯가림이 없는 경우가 있는데, 타인에 대한 인식이 낮고, 사회성이 떨어지는 것이 그 이유다.

아기와 시간을 충분히 보내고 다른 발달에 이상이 없는데도 8개월에 이르도록 낯을 가리지 않는다면 발달에 이상이 있는지 진단받아 볼 필요가 있다. 반면 타인을 너무 거부해도 사회성이 부족한 것으로 볼 수 있으므로 아기의 애착관계나 사회성이 잘 형성되었는지 되짚어 보자. 아기의 사회성은 타인과 상호작용을 통해 발달하며, 이를 통해 자아를 형성하기 때문에 매우 중요하다.

✼✼✼✼✼✼✼✼✼✼✼✼✼✼✼✼✼✼

낯가림이 심하던 아이

네 살 된 남자아이가 센터를 찾아왔다. 아이는 엄마 곁에 붙어서 다른 사람을 잔뜩 경계했다. 사회성이 잘 형성된 아이의 경우 이 연령에 이르면 많이 웃고 장난감에 호기심을 보이는데, 이 아이는 그런 행동을 전혀 보이지 않았다. 아이는 유치원에서 다른 아이들과 잘 어울리지도 못해 따돌림을 당한다고 했다.

몇 가지 발달 검사로 아이의 발달 상태를 파악해 보니, 생후 1년간 했어야 할 동작 가운데 아이가 제대로 하는 것이 몇 가지 안 되었다. 그래서 정확한 동작을 가르쳐 주고 엄마에게 가정에서도 그 동작들을 아이에게 꾸준히 시키도록 당부했다. 센터 수업시간에는 트램펄린 운동을 시켰다.

주 3회 교육을 시작하고 반년이 지나자 아이의 움직임이 점차 좋아지면서 균형감각(전정감각)이 좋아졌고, 근육에 힘이 생기면서 표정도 밝아졌다. 1년 후에는 유치원에서도 적극적으로 활동하는 아이가 되었다는 이야기를 듣고 교육을 끝낼 수 있었다. 아이가 변할 수 있었던 것은 부모가 적극적으로 수업에 참여하고, 가정에서도 꾸준히 아이와 신체접촉을 하며 운동했기 때문이다. 부모와의 상호작용으로 아이는 심리적으로 안정을 찾고 자신감을 얻으며 사회성을 발달시킬 수 있었던 것이다.

'안 돼'와 같은 금지어를 이해해요

9개월이 되면 아기는 자기가 원하는 것을 주장하기 시작하며, 원하는 것이 이루어지지 않으면 떼를 쓰기 시작한다. 또한 '안 돼' '하지 마' 같은 금지어와 명령어를 알아듣고 행동을 멈춘다.

아기가 정상적으로 발달하고 있다면 이 시기에 제법 많은 언어를 이해하여 부모와 다양한 상호작용을 한다. 아기에게 과일이나 과자를 주면 손으로 잡아 스스로 먹을 수 있고, 서서히 독립된 행동을 하는 것도 이 즈음부터다.

이 시기부터 양육자는 일관성을 가지고 아기에게 해도 되는 것과 해서는 안 되는 것을 알려줘야 한다. 아기가 자라서 제대로 된 사회의 일원으로 살아가기 위해서는 자신을 절제하는 방법을 깨우치는 것이 무엇보다 중요하다.

✲ ✲ ✲ ✲ ✲ ✲ ✲ ✲ ✲ ✲ ✲ ✲ ✲ ✲ ✲ ✲ ✲ ✲ ✲ ✲

양보만 하던 아이

유치원에 다니는 다섯 살 된 남자아이가 상담을 받으러 센터를 찾은 적이 있었다. 엄마는 아이가 무척 내성적이면서 무엇이든 다른 아이들에게 양보하기만 하는 것 같아 걱정이었다. 또래 아이네 집에 놀러 갔을 때 아이가 갖고 놀던 장난감을 다른 아이에게 뺏기고도 '내 거야' '이리 줘'라고 말하지 못하는 모습을 심심찮게 봤는데, 처음에는 그러려니 했지만 이러한 상황을 여러 번 목격하고 나니 아이에게 문제가 있는 것이 아닌지 생각하게 된 것이다.

아빠의 잦은 전근으로 환경이 자주 바뀌는 상황에서 아이가 부모와 함께 놀기보다는 주로 유아원, 유치원 등 시설에 위탁되었던 것이 원인으로 판단되었다. 그래서 엄마, 아빠 모두가 참여하도록 하여 아이와 함께할 수 있는 교육을 진행했다. 이렇게 6개월을 보내고 나자 아이는 드디어 다른 아이가 빼앗아 간 자신의 장난감을 손으로 잡아당기면서 '이리 줘, 내 거야'라고 자기 주장을 할 수 있게 되었다.

10개월 우리 아기 무엇을 할 수 있나?

가슴, 배, 엉덩이를 들고 기어요

10개월 · 40주   **기기**

몸을 앞뒤로 흔들고 무게중심을 팔다리로 옮기며 균형 잡는 연습을 한 아기는 가슴과 배뿐만 아니라 엉덩이도 들어 올리고 긴다.

가슴, 배, 엉덩이를 들고 기기 시작하면 아기는 이전보다 더 활발하게 집 안 구석구석을 탐색할 것이다. 따라서 아기가 물건을 떨어뜨리거나 부딪혀서 다칠 만한 곳은 없는지 집 안을 꼼꼼히 점검하자.

이 시기에 아기는 무턱대고 움직이기보다는 자기가 원하는 물건을 향한

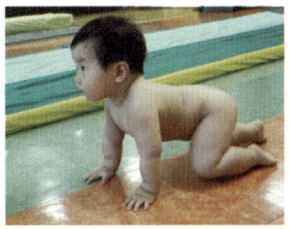
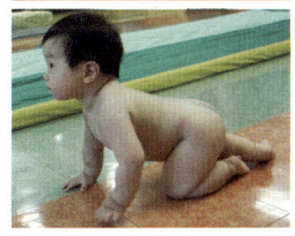
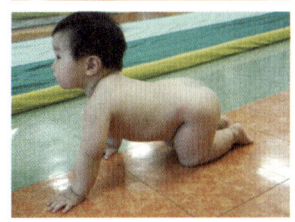

다든지 하는 식으로 목적을 가지고 움직인다. 스스로 하겠다는 자율성이 커지는 시기이니 이때 좋은 습관을 들여주어야 한다.

아기가 장난감을 향해 길 때 그 장난감을 뺏거나 기기 연습을 시킨다는 이유로 자꾸 더 멀리 놓는 행동은 자제하자. 아기가 목적의식을 가지고 행동할 때 성공을 자주 경험해야 자존감과 움직이려는 욕구가 커지기 때문이다.

정상적으로 발달하는 아기라면 가슴, 배, 엉덩이 들고 기기, 잡고 일어서기, 다리 펴고 앉기 등이 2~3주 내에 거의 동시에 이루어질 것이다. 하지만 발달에 문제가 있는 아기의 경우 가슴, 배, 엉덩이 들고 기기가 미숙할 것이다.

 엉덩이 못 드는 우리 아기, 이렇게 도와줘요!
① 아기를 엎드려놓아요.
② 큰 수건이나 천으로 엎드린 아기의 복부를 감싸요.
③ 아기가 상체를 들어 올려 양팔로 지탱할 때 복부를 감싼 수건이나 천을 U 자 모양이 되게 해서 천천히 위로 당겨요.
④ 엉덩이와 복부가 들릴 때까지 당겨 올려, 아기가 엉덩이를 들고 무릎으로 버티는 동작을 터득할 수 있게 해줘요.

가슴·배·엉덩이를 들고 기는 우리 아기, 이것만은 꼭 확인해요!
1. 아기가 손가락을 쫙 펴서 손바닥을 바닥에 대고 기나요?
   → 손가락을 펴지 않고 주먹을 쥐고 긴다면 말초신경계가 제대로 발달되지 못한 것으로 볼 수 있습니다. 평소에 아기 손을 마사지해 주면 말초신경계 발달

에 도움이 됩니다.

① 아기의 주먹 쥔 손에 양육자의 엄지를 부드럽게 밀어 넣어요.

② 엄지를 손바닥에서 손가락 방향으로 부드럽게 쓸어줘요.

③ 아기의 엄지를 펴줘요.

2. **오른팔이 나아갈 때에는 왼발이 움직이고, 왼팔이 나아갈 때에는 오른발이 움직이나요?**

➔ 오른팔이 나아갈 때 오른발이 움직인다면, 손과 발의 협응이 제대로 이루어지지 않는다고 볼 수 있습니다. 계속 이렇게 기면 성인이 되어 걸을 때에도 손발이 같은 쪽이 짝을 이루어 움직이는 비정상 보행을 보일 수 있습니다. 아기가 손발을 교차로 움직이지 못한다면 8~9개월경 교차패턴 배밀이를 정확하게 했는지 확인해 봅니다. 교차패턴 배밀이를 할 때 다리 움직임이 정확하지 않았다면 '양다리 교차시키기'를 통해 다리 움직임을 바로잡아 주세요.

① 아기를 눕혀놓고 손으로 아기의 양다리를 한쪽씩 잡아요.

② 한쪽 다리는 바닥에 붙이고, 다른 쪽은 무릎을 굽혀 반대편으로 돌려줘요.

③ 아기의 표정을 보며 힘들어하지 않는다면 좌우 5회 반복해요. 능숙해지면 횟수를 늘립니다.

기다가 앉아요

10개월 · 40주   앉기

아기가 많이 길수록 몸을 옆으로 돌려 앉는 일도 많아진다. 이때 아기는 양손으로 팔을 지탱한 뒤 엉덩이를 옆으로 놓고 다리에

힘을 주어 체중을 뒤로 옮기며 앉는다. 이러한 동작은 척추의 회전이 잘 이루어져야 가능하다. 또한 비스듬히 앉기 위해서는 기는 자세에서 손과 무릎에 실린 체중을 엉덩이 쪽으로 옮겨야 하기에 균형감각이 부족하면 할 수 없다. 이런 이유로 기다가 옆으로 앉는 것은 균형감각이 제대로 발달했음을 알 수 있어 발달의 지표가 된다.

단순해 보이는 이 동작은 한 번에 이루어지는 것이 아니다. 앞선 시기에 옆으로 구르고, 몸을 뒤집

고, 비스듬히 누웠다 앉으며 터득했기에 해낼 수 있는 것이다.

 **기다가 앉지 못하는 우리 아기, 이렇게 도와줘요!**

아기가 익숙해질 때까지 아기의 엉덩이를 잡고 비스듬히 당겨 바닥에 닿게 해줘요. 이렇게 하면 아기가 허리를 돌려 옆으로 앉는 방법을 터득하는 데 도움을 줄 수 있습니다.

엄지와 검지로 물건을 능숙하게 잡아요

10개월 · 40주　　**손가락**

6개월부터 엄지와 검지로 사물을 잡던 아기는 이 동작을 더욱 능숙하게 해낸다. 아기는 엄지와 검지를 집게처럼 정교하게 움직여 아주 작은 물건도 잡을 수 있다.

손가락을 집게처럼 사용하기 위해서는 생각보다 많은 연습이 필요하다. 손바닥과 손가락 전체를 이용해서 잡는 것과는 달리 두 손가락은 펴고 세 손가락은 구부려 집게 모양을 만들고, 엄지와 검지를 구부렸다 펴면서 집게처럼 사용해야 하기 때문이다. 이는 손가락의 소근육이 고도로 발달해야 가능한 동작이다.

이 시기에 아기는 사물끼리 부딪힐 때 나는 소리를 좋아한다. 그

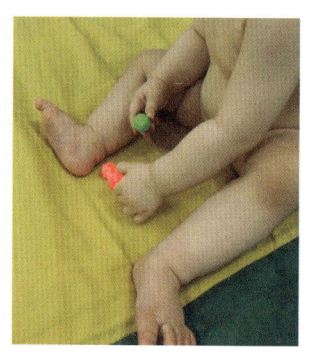

래서 양손으로 물건을 잡아 서로 부딪치며 소리 내는 놀이를 많이 한다.

돌 이전에는 오른손이나 왼손 중 한쪽 손을 더 좋아하는 경향을 보이지만, 이 경향은 학교에 들어가기 전까지 수시로 바뀐다. 주된 손을 결정하기까지 양손을 교대로 사용하는 경

우가 많은데, 양쪽 뇌가 손을 번갈아 사용해 보고 그중 나은 것을 선택한다고 볼 수 있다.

💡 우리 아기 소근육 발달, 이렇게 도와줘요!

1. **바닥에 콩처럼 작고 둥근 것을 놓고 아기가 엄지와 검지로 집게 해요.**
   이때 아기가 다섯 손가락을 다 펴서 물건을 잡으려 한다면 아기의 손을 잡고 엄지와 검지만으로 물건을 집도록 이끌어 줍니다.
2. **다양한 크기의 장난감을 직접 손으로 만질 수 있게 해줘요.**
   크기에 따라 손가락이나 손 전체를 사용하는 방법을 경험함으로써 아기는 사물의 크기를 인지합니다.

손가락으로 물건을 탐색해요

10개월 · 40주 **감각 · 지각**

이 시기에는 아기가 사물을 관찰하는 방법이 달라진다. 아기는 더 이상 물건을 입으로 가져가지 않고, 손가락으로 탐색한다.

또한 두 음절로 된 말을 점점 능숙하게 할 수 있다. 가끔 '엄마' '아빠'라고 또렷이 말하는 것을 들을 수 있을 것이다. 아기는 반복을 통해 말을 배우므로 이 시기에 다양한 방법으로 아기에게 자주 말을 걸어주는 것이 중요하다.

💡 **우리 아기 언어 발달, 이렇게 도와줘요!**

1. '아' '빠'와 같은 두 개의 다른 음절을 여러 번 되풀이해서 소리 내줘요.
   이때 아기가 소리를 따라 하도록 크고 정확하게 천천히 말해주는 것이 중요합니다. 아기가 따라 하면 안아주거나 뽀뽀해 주는 등 행동으로 아낌없이 칭찬해 줍니다.

2. 그림책의 내용을 손으로 가리키며 읽어줘요.

그러면 손가락이 가리키는 것을 볼 줄 아는 아기는 그림이나 상징이 특정 사물과 대응한다는 것을 이해하게 됩니다. 여기서 더 발전하여 각 사물의 이름을 깨닫게 되면서 아기는 언어를 습득해 나갑니다.

흉내 내는 것을 좋아해요

10개월 · 40주　　**사회성**

아기의 사회성은 9~10개월 시기에 크게 발달한다. 아기는 이전에 비해 다른 사람을 강하게 의식하고 다른 사람의 기분이나 상태에 민감해진다. 형제나 자매가 있는 경우 양육자가 다른 아이에게 관심을 보이면 칭얼거리나 옷자락을 잡아당기면서 질투를 나타낼 수도 있다. 사회성이 발달하면서 아기는 <u>다른 사람이 하는 대로 따라 하기</u>를 좋아하게 된다. 예를 들어, 헤어질 때 아기에게 손을 흔들며 '빠이 빠이'라고 하면, 같이 손을 흔들며 '빠이 빠이' 하는 것을 볼 수 있을 것이다.

💡 **흉내 내기 좋아하는 우리 아기와 이렇게 놀아요!**

1. 양육자나 아기가 손가락으로 가리키는 사물의 이름을 말해줘요.
   '머리로는 잊어도 몸은 기억한다'라는 말이 있듯이 몸짓은 훌륭한 언어이자 학습도구입니다.

2. 아기와 대화할 때 아기 소리를 흉내 내줘요.
   이렇게 하면 아기가 흥미를 느낄 수 있을 뿐만 아니라, 상대방의 소리를 듣고 대답하는 대화의 규칙도 자연스럽게 배울 수 있습니다. 또한 아기가 소리 내는 즐거움을 알고 혀를 움직여 실험하도록 북돋울 수 있습니다.

10개월 된 우리 아기에 대해 궁금한 것들

⇨ 우리 아기와 어떻게 놀아줄까?

소근육이 더욱 발달하여 아기는 크레용과 같이 작은 물건도 능숙하게 쥘 수 있다. 큰 도화지를 준비하고 아기에게 크레용을 쥐어주자. 먼저 크레용을 쥐고 그림을 그리거나 글씨를 쓰는 모습을 보여주자. 그리고 아기가 따라 하면 아낌 없이 격려한다.

⇨ 우리 아기 언어 발달 어떻게 도와줄까?

이 시기에 아기에게 들려주는 표현은 간결하지만 문법적으로 정확해야 한다. 아기는 한 번에 단어 하나를 이해하는 수준이므로 중요한 단어 하나를 이용해 짧은 문장을 만들어 들려주자. 예를 들어, '공이야' '의자 아래에 공이 있네' 같은 표현은 괜찮지만 '의자' '공'과 같이 단어만 말하는 방식은 피하는 것이 좋다.

11개월 우리 아기 무엇을 할 수 있나?

안정적으로 앉아요

11개월 · 44주   앉기

아기는 등을 똑바로 세우고 다리를 벌려 안정된 자세로 앉는다. 앉아서 놀기도 하지만 아직은 움직이고 싶은 충동이 크기 때문에 앉아 있는 시간은 짧다.

이때도 아기가 다리를 W 자로 하고 앉는 것을 좋아하는 경우가 간혹 있는데, 이 자세로 앉으면 몸통의 균형을 유지하기가 더 쉽기 때문이다. 하지만 다시 한 번 말하지만 이 자세는 이후 무릎 축 성장을 방해하여 X자 무릎 변형이나 안짱다리의 원인이 될 수 있다. 일직선이 되어야 할 무릎이 안쪽으로 휘면 자기 발에 걸려 넘어지기 쉽고 다칠 위험도 커지므로 조기에 자세를 교정하는 것이 좋다.

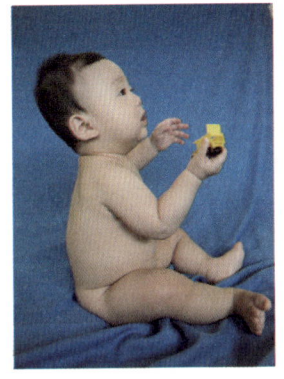

쪼그려 앉았다 일어서요

11개월 · 44주   💡 걷기

아기는 이제 뭔가를 잡지 않고 손과 발로 버티며 일어서는 '곰보행'을 한다. 마치 곰처럼 손과 발을 바닥에 대고 앞으로 기다가 어느 순간 멈추어 무릎을 굽혔다 일어서기에 이렇게 불린다. 이 동작을 하기 위해서는 쪼그려 앉을 수 있어야 한다. 그러므로 아기가 쪼그려 앉지 못할 경우 쪼그려 앉을 수 있도록 도와줘야 한다.

 쪼그려 앉지 못하는 우리 아기, 이렇게 도와줘요!

1. 서 있는 아기의 손을 맞잡아 천천히 내려요.
   아기가 쪼그려 앉았다가 바닥에 앉을 수 있도록 이끌어 줍니다.

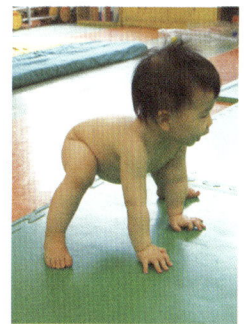  

2. 손가락으로 아기 무릎 안쪽을 살짝 앞으로 밀어 무릎을 구부리게 유도해요.

아기가 서 있을 때 무릎 안쪽에 잔뜩 힘을 주고 있어 쪼그려 앉지 못할 수도 있습니다. 그럴 때 이렇게 해주면서 무릎에 긴장을 풀어주면 쪼그려 앉을 수 있게 됩니다.

3. 서 있는 아기의 발 아래 흥미로운 장난감을 놓아두어요.

아기가 장난감을 줍기 위해 쪼그려 앉을 수 있습니다.

놀이를 하며 배워요

11개월 · 44주　　**감각 · 지각**

아기는 적극적으로 놀이를 즐기며 다양한 개념을 배운다. 그러므로 이 시기에는 아기와 여러 가지 '개념'을 알려줄 수 있는 놀이를 하는 데 노력과 시간을 아끼지 말자. 아기와 놀 때 놀이를 주도하기보다 아기 스스로 놀이의 주인이 될 수 있도록 옆에서 보조만 해주자.

💡 우리 아기와 이렇게 놀아요!

1. **아기를 안아 머리 위로 올렸다가 바닥에 내려놓아요.**
   아기는 이 놀이를 하면서 '위' '아래' 개념을 배웁니다.

2. **상자 안에 물건을 숨겨놓고 아기가 찾아 꺼내게 해요.**
   아기는 '안'과 '밖'의 개념을 배웁니다. 또한 집중력과 기억력, 관찰력과 추리력 발달에도 도움이 됩니다.

3. **아기처럼 바닥에 엎드린 뒤 아기의 뒤를 쫓아 기면서 잡는 시늉을 해요.**
   아기는 소리를 지르며 좋아합니다. 아기는 도망가거나 쫓아갈 때 몸을 빠르게 집중적으로 움직이는데, 이때 거리감이나 공간을 파악하는 능력을 키울 수 있습니다. 잡기 놀이는 공간지각력 발달에 아주 좋은 놀이입니다.

거울에 비친 자기 모습을 알아봐요

11개월 · 44주   사회성

아기에게 손거울을 쥐어주면 거울 속에 비친 자신을 물끄러미 바라본다. 그리고 거울을 뒤집어 놀다가 다시 정면으로 하여 거울에 비친 자신의 모습을 바라본다. 아기는 거울의 앞면과 뒷면을 인식할 수 있을 뿐만 아니라 거울에 비친 자기 모습과 실제 자신을 구별한다.

또한 이 시기 아기들은 다른 사람에게 관심을 가지고 장난감을 주고받는다. 타인에게 관심을 가지고 친구를 만드는 것은 사회성 발달에 무척 중요한 일이다. 따라서 이 시기에는 다른 아기들이 노는 곳에 아기를 데리고 나가 배우고 즐기는 기회를 많이 만들어주자. 처음에는 잘 어울리지 못할 수도 있다. 서로 장난감을 가지려고 싸우고 울음을 터뜨리기도 하지만 곧잘 어울려 놀면서 양보와 질서도 배울 것이다.

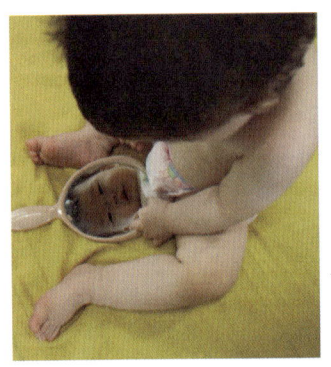

이 시기에 아기들은 공놀이를 무척 좋아한다. 아기에게 공을 굴리

거나 던지면 아기는 이것을 잡아 되던지려 노력한다. 하지만 아직 생각한 대로 공을 던지지 못하기 때문에 양손으로 던지는 흉내를 내는 데 그친다.

이 시기 상호작용 능력은 이후에 어린이집이나 유치원에서 또래와 어울려 지내는 바탕이 되기 때문에 중요하다.

 공을 주고받지 않는 우리 아기, 이렇게 도와줘요!

아기에게 형제자매가 있다면 형제나 자매와, 없다면 양육자끼리 또는 인형과 공을 주고받는 모습을 보여줘요. 그런 다음 아기와 공을 주고받아 봅니다.

11개월 된 우리 아기에 대해 궁금한 것들

⇨ 우리 아기는 무얼 할 수 있을까?

장난감을 주고받거나 종이에 낙서를 하면서 쓰는 시늉을 하기도 한다. 또한 관심 있는 대상에 집중할 수도 있다. 이때 아기의 관심을 다른 곳으로 돌리지 말고, 집중할 수 있도록 해주자.

아기는 사물과 사람의 관계를 연결시키기 시작한다. 예를 들어, 양육자의 옷자락을 잡아당기며 손가락으로 무언가를 가리킴으로써 사람을 활용하여 원하는 물건을 손에 넣고, 물건을 두들겨 소리를 내 주의를 끌 줄 안다.

⇨ 우리 아기와 어떻게 놀아줄까?

양육자가 놀이의 주도권을 잡기보다는 아기가 창의적으로 놀 수 있도록 도와준다. 아기는 차례를 알기 때문에 공을 굴리거나 술래잡기와 같이 역할을 교대로 하는 놀이를 좋아한다. 또한 좋아하는 놀이를 몇 주 동안 되풀이하는 경우가 있으니 인내심을 갖고 대해주자.

⇨ 우리 아기 언어 발달 어떻게 도와줄까?

아기는 간단한 물음에 고개를 끄덕이거나 몸짓으로 대답한다. 예를 들어, '조금 더 먹을까?' 하면 고개를 흔들고, '딸랑이 어디 있지?' 하면 팔을 뻗어 손가락으로 딸랑이가 있는 곳을 가리키는 식이다. 또한 '프' '트' '크' 정도의 소리를 낼 수 있으며 첫 단어를 말할 수도 있다. 첫 단어는 아기가 익숙한 단어나 옹알이에서 사용해 온 '프' '드' '므' 등의 소리가 들어간 것일 수도 있다.

    아기가 단어를 말하기 위해서는 수없이 듣고 소리 내는 연습을 해야 한다. 그러므로 아기가 말소리를 집중해서 들을 수 있도록 조용한 환경에서 그림책을 같이 보면서 읽어주거나 아기가 가리키는 물건의 뜻을 알려주는 것과 같은 언어 자극을 풍부하게 제공해 주자. 아기를 목욕시키거나 할 때 '퐁당퐁당'이나 '첨벙첨벙' 같은 의성어나 의태어로 리듬감 있게 말해주는 것도 좋은 방법이다.

무엇을 할 수 있나?

기어서 계단을 올라가요

12개월 · 48주   기기

가슴, 배, 엉덩이를 들고 안정된 자세로 빠르게 길 수 있게 된 아기는 계단을 기어오른다. 아기는 두 손으로 계단을 짚고 계단 앞에 무릎을 꿇는다. 그런 다음 한쪽 팔을 뻗어 다음 계단을 짚고 한쪽 무릎을 들어 올려 다리를 한 칸 위로 밀어 올린 후 체중을 옮기면서 다른 쪽 다리를 끌어 올린다.

계단 오르기는 손과 발의 협응, 무게중심 이동 등 복잡한 과제를

수행해야 하는 고난도의 동작이다. 능숙하게 길 수 있게 되어 좀더 어렵고 새로운 과제가 필요한 아기에게는 딱 맞는 도전 거리다. 이때 양육자가 주의해야 할 것이 있다.

첫째, 아기가 다치지 않고 원하는 것을 충분히 탐색할 수 있도록 안전한 환경을 만들어주자.

둘째, 아기가 계단이나 소파 위를 기어 올라갔다가 내려올 때는 뒤에 서서 떨어지지 않으려면 뒤로 내려와야 한다는 것을 되풀이하여 가르쳐줘야 한다. 오르는 것보다 내려오는 법을 배우는 것이 더 중요하다. 뒤로 내려오는 것은 눈으로 확인하지 못하기에 더 어려운 일이다. 때문에 아기가 내려올 때 특히 잘 지켜봐야 한다.

셋째, 아기가 스스로 방법을 터득할 때까지 개입하지 않고 지켜보는 것이 중요하다. 아기가 혼자 오르고 내리지 못하면 한두 번 지켜보다가 안거나 아기의 팔을 잡아 올려주는 양육자가 많다. 하지만 아기가 하려는 일을 대신 해주는 것보다는 어떻게 하면 문제를 해결할 수 있는지 방법을 알려주는 것이 좋다. 아기가 스스로 문제를 해결할 수 있다는 믿음과 아기의 시도를 응원한다는 사랑을 보여주자. 그리고 아기가 문제 해결에 성공했을 때 듬뿍 칭찬해 주자.

내려오지 못하는 우리 아기, 이렇게 도와줘요!

아기의 허리를 양손으로 잡고 살짝 아래쪽으로 잡아끌면서 발이 먼저 바닥에 닿게 움직이도록 가르쳐줘요.

20분 정도 혼자 앉아서 놀아요

12개월 · 48주   앉기

아기는 안정적으로 앉아 20분 정도 혼자서 논다. 같이 놀아주는 것만큼 혼자 노는 것 역시 중요하다. 그러므로 아기가 혼자 사물을 만지고 두들기고 던지면서 충분히 탐색하고 공부할 수 있는 기회를 제공하자.

이 시기에 아기가 몇 분씩 혼자 앉아서 놀 수 있다면 발달이 제대로 이루어지고 있다는 증거다. 단, 앉아 있을 때 두 다리를 안정적으로 하고 허리를 세우고 있는지 살펴보는 것이 중요하다.

아래의 두 사진을 비교해 봤을 때, 어느 쪽 자세가 더 안정적으로 느껴지는가? 왼쪽 사진이 오른쪽 사진보다 안정적으로 느껴질 것이다. 아기가 오른쪽 사진처럼 한쪽 다리를 바깥쪽으로 구부려 허벅지

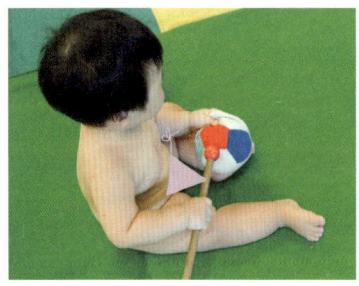 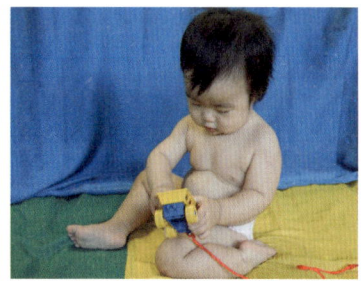

에 붙이고 있다면 양 무릎을 바깥쪽으로 향하게 하여 안정적으로 앉을 수 있도록 도와준다. 앉은 자세가 불안정하면 앉아서 노는 데 집중력이 떨어져서 좋지 않다.

또한 아기를 유모차나 카시트에 앉혀두지 말고 넓은 바닥에서 스스로 앉아 탐색할 수 있게 해주자. 유모차나 카시트에 앉아 있는 시간이 많을수록 아기는 세상을 온몸으로 탐색할 기회를 잃는다.

아기는 매일매일 세상을 맛보고 냄새 맡고 만지는 공부를 하고 있다. 하지만 기구에 갇히면 호기심을 충족할 수 없을 뿐만 아니라 움직임의 욕구도 줄어들게 된다. 따라서 꼭 필요한 경우가 아니면 가급적 유모차나 카시트 사용을 줄이고, 꼭 필요할 때 잠깐씩만 앉히도록 노력하자.

아이의 발달장애로 센터를 찾은 가족이 있었다. 아이의 부모는 대학교수들로 학식이 높았지만 육아에는 서툴렀던 것 같다. 엄마는 아이가 몸을 가누고 앉을 수 있게 된 시기부터 아이를 유아용 식탁의자에 앉혀놓고 클래식 동영상을 보여줬다고 한다.

아이 스스로 여기저기 탐색할 시기에 좁은 공간에 갇혀 지내니 당연히 감각이나 운동능력이 발달할 수 없었을 것이다. 아이는 점차 발달 지연을 보였고, 센터를 찾아오게 된 것이다.

앉아 있는 동안 발달시키지 못한 동작을 중심으로 아이를 교육하니 곧 또래와 비슷한 발달 양상을 보여주었다.

뭔가를 잡고 걸어요

12개월 · 48주 걷기

안정된 자세로 일어설 수 있게 된 아기는 자신감이 생겨 뭔가를 잡고 옆으로 걸음을 뗀다. 아기는 옆으로 움직이기 위해 다리를 번갈아 움직이며 무게중심을 옆으로 옮기는 연습을 한다. 몸을 안정되게 유지하기 위해 양손을 사용하기도 한다.

걷기와 같은 운동 기술은 갑자기 생기는 것이 아니라 끝없는 시도와 실패, 걷기와 넘어지기의 반복을 통해 습득되는 것이다. 때문에 아기가 넘어져 다칠 것을 염려하여 걸을 때마다 보조해 주는 것은 좋지 않다.

그보다는 아이가 넘어져도 다치지 않도록 안전한 환경을 만들어주

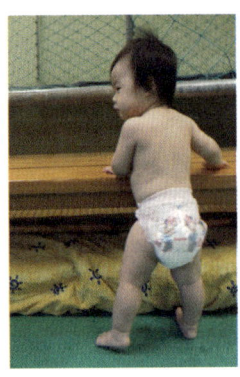 

자. 또 아기가 넘어지면 '넘어졌구나, 괜찮아, 일어나자' 하고 침착하게 반응해 주자. 그러면 아기는 스스로 일어설 수 있게 될 것이다.

아기가 엉덩이로 넘어질 때 다칠 것을 염려하여 자꾸 뒤에서 받쳐 주면 아기는 이를 놀이처럼 여겨서 의도적으로 넘어질 수도 있다. 이는 걸음마 연습에 전혀 도움이 되지 않으므로 매트 위와 같이 넘어져도 안전한 곳에서 걸음마를 연습할 수 있도록 한다.

멀리 있는 물건을 당기면 가까이 오는 것을 알아요

12개월 · 48주　　**감각 · 지각**

손힘이 세지고 거리감각 및 공간지각력이 발달하여 아기는 멀리 있는 물건도 연결된 끈을 당기면 가까이 끌어올 수 있음을 안다. 이렇게 사물을 밀고 당기면서 거리감각과 힘 조절 능력을 탐색한다.

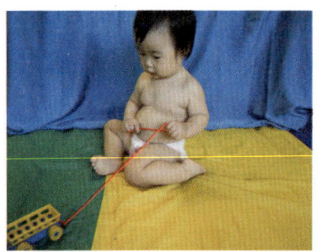
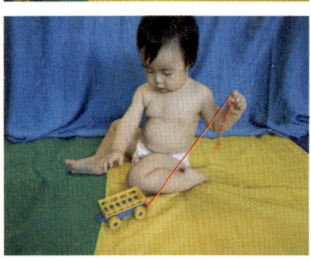
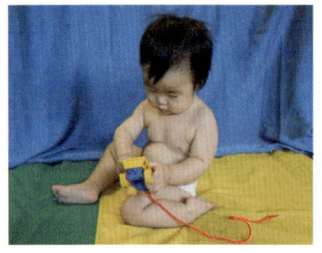

이러한 움직임은 동작을 하게 하는 운동신경, 동작과 관련된 정보를 받아들이는 감각신경, 동작을 계획하고 조절하는 대뇌 중추신경이 조화롭게 발달해야 가능하다. 아무리 단순한 행동이라도 아기가 움직이는 기술을 터득하는 것은 뇌에 신경망을 조성하고 훈련과 경험을 통해 정교하게 다듬어 나가는 복잡한 과정이다.

아기의 시각과 청각도 성인 능력

의 절반 정도 수준으로 발달해 아기는 사물의 형태를 구분하고, 소리가 나는 곳으로 정확하게 고개를 돌릴 수 있다. 이와 함께 집중력도 높아진다.

우리 아기 공간지각력 발달, 이렇게 도와줘요!

1. **컵 여러 개를 겹쳐 하나씩 빼며 놀아요.**
   작은 컵은 큰 컵 안에 들어가고, 큰 컵은 작은 컵 안에 들어갈 수 없다는 것을 깨달으며 크기와 깊이를 이해할 수 있습니다.
2. **컵을 물로 채우며 놀아요.**
   비어 있는 것은 무엇인가로 채울 수 있음을 알게 해줍니다.

* 놀이를 할 때 아기가 잘하지 못한다고 재촉하거나 잘하라고 강요하면 안 됩니다. 아기 스스로 원리를 깨우쳐야 학습에 발전이 있음을 잊지 말고 애정과 인내심을 갖고 지켜봅니다.

적극적으로 상호작용해요

12개월 · 48주   **사회성**

12개월에 이르면 아기는 타인과 상호작용할 수 있다. <u>장난감을 달라고 하면 주고, 공을 던질 수도 있다.</u> 아기는 자신이 본 것을 손가락으로 가리키기도 하는데, 이때는 꼭 반응해 주자. 예를 들어, 창 밖의 새가 날아갈 때 가리킨다면, '어! 새다' 하고 명칭을 알려 준다.

12개월 이전에 발달장애를 진단하기는 쉽지 않지만, 아기가 다른 사람과 상호작용하거나 다른 사람에게 관심을 보이지 않는다는 것은 발달장애의 제법 명확한 근거가 된다.

정상적으로 발달하는 아기의 경우 생후 12개월 이전에 자기를 돌봐주는 사람들에게 관심을 보이며 충분히 정서적 상호작용을 할 수 있다. 그런데 12개월이 되어도 아기가 다른 사람과 눈을 맞추지 않거나 또래와 상호작용을 하지 못하고 주변의 반응에 관심을 보이지 않는다면 발달 문제를 의심해 볼 수 있다.

캐나다의 소아과 전문의 로니 츠바이겐바움Lonnie Zweigenbaum의 연구에 따르면 정상적으로 발달하는 아기는 까꿍 놀이를 할 때 얼굴이 밝아지면서 같이 놀아주는 사람을 쳐다보고 소리치지만, 발달장애아들은 얼굴 표정이 거의 없거나 같이 놀아주는 사람을 쳐다보지 않는 경우가 많았다. 그리고 반응이 없거나 스트레스 받는 등의 모습을 보였다. 따라서 아기가 타인과 상호작용을 잘하는지, 어떤 표정으로 상대방을 바라보는지 세심히 관찰하자.

상호작용하는 우리 아기에게 소유 개념을 알려줘요!

이름과 함께 대명사를 사용하여 '이 책은 엄마 것' '이 공은 형 것' 하며 짧고 단순한 문장을 만들어 말해줘요. 아기가 또래 친구를 사귀는 과정에서 틀림없이 장난감을 가지고 싸우는 일이 생깁니다. 이때 자기 것과 타인의 것을 구분하는 것은 또래 친구 사귀기에 꼭 필요한 일입니다.

12개월 된 우리 아기에 대해 궁금한 것들

⇨ 우리 아기는 무얼 할 수 있을까?

걸음마를 연습하기 시작한다. 사물이나 벽, 가구 등을 잡고 옆으로 이동하는 방법을 익히기도 한다. 걷기는 발을 움직이는 것뿐만 아니라 발이 시각과 협응하여 체중을 옮기는 고도의 기술이므로 완벽하게 걷기까지는 시간이 필요하다. 아직은 걷는 것이 미숙하여 아기는 발을 옮길 때마다 발가락을 움직인다. 그러므로 너무 일찍 신발을 신게 되면 발을 통해 체험할 기회가 줄어들게 되므로 우선 맨발로 충분히 연습할 수 있게 하자.

⇨ 우리 아기와 어떻게 놀아줄까?

값비싼 장난감보다 플라스틱 컵, 그릇, 냄비 뚜껑, 수저 등 집에서 쓰는 생활용품이 아기에게는 더 재미있는 장난감이다. 단, 날카롭거나 깨지기 쉬운 것을 가지고 놀지 않게 주의하자. 아기는 엄지와 검지로 집고, 두 손으로 들어 올리고, 숟가락으로 두들겨 소리를 내기도 할 것이다. 특히 숟가락으로 두들겨 소리 내는 것을 무척 좋아하는데, 시끄럽다고 금방 빼앗기보다 충분히 가지고 놀면서 탐색할 수 있도록 해주자.

우리 아기 언어 발달 어떻게 도와줄까?

아기는 더 많은 단어를 소리 낸다. 주의 깊게 듣다가 단어가 들리면 똑똑히 발음해 주어 아기가 더 정확한 소리를 낼 수 있도록 도와주자. 이때 단어와 행동 혹은 사물을 연관시킬 수 있도록 몸짓을 많이 활용한다. 예를 들어, '코~잘까' 할 때 양손을 포개어 귀 옆에 대면서 말하면 아기는 '잘까'라는 말이 자는 행동과 연결된다는 것을 더 쉽게 이해할 것이다.

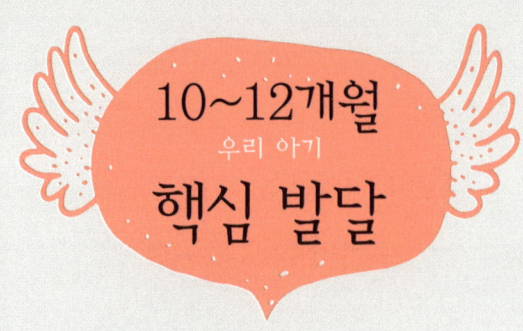

10~12개월
우리 아기
핵심 발달

혼자 앉아서 놀아요

12개월에 이르면 발달에 문제가 없는 한 아기는 스스로 앉을 수 있다. 아기가 앉는 것도 중요하지만 좋은 자세로 앉는 것이 중요하다. 비스듬히 누운 자세에서 상체를 일으켜 앉는 아기는 양다리를 앞으로 하고 앉지만, 가슴·배·엉덩이를 들고 기려는 자세에서 엉덩이를 뒤로 빼 주저앉는 아기는 다리를 W 자로 하고 앉게 된다. 장기간 W 자세로 앉으면 골반과 다리 길이가 불균형해질 수 있으므로 아기의 앉는 자세를 관찰하고 바로잡아 주는 것이 중요하다.

✶✶✶✶✶✶✶✶✶✶✶✶✶✶✶✶✶✶✶✶✶✶✶✶✶

산만했던 아이

평소 행동이 산만하던 다섯 살 된 남자아이가 센터를 찾아왔다. 아이는 허리를 곧게 펴고 앉는 것, 특히 의자에 오래 앉아 있는 것을 불편해했는데, 어릴 때 다리를 W 자로 하고 앉았다고 했다.

아이에게 배밀이, 쪼그려 앉기, 기기 등 생후 1년 동안 발달의 지표가 되는 동작을 시켜보았더니 신체 발달이 오른쪽으로 치우쳐 있었고, 척추도 휘어진 것을 발견할 수 있었다. 매트 위에서 길 때에도 오른팔만 사용하고, 왼쪽 다리에 비해 오른쪽 다리가 더 힘이 있어 보였다. 몸을 뒤집을 때 척추 회전도 자연스럽지 않았다.

아이에게 배밀이, 쪼그려 앉기, 기기 등 기초적인 동작을 어느 한쪽에 치우치지 않게 다시 하게 하고 약 1년이 지나자 아이는 자연스럽게 앉을 수 있게 되었다. 또한 어떠한 움직임에도 자신감이 생겨 표정이 밝아지고 다른 아이들과도 즐겁게 지낼 수 있게 되었다.

엄지와 검지로 작은 물건을 잡아요

생후 12개월에 이르면 아기는 손가락을 능숙하게 움직이게 되어서 혼자 컵을 들고 물을 마시거나 콩과 같은 작고 둥근 물건도 정교하게 잡는다. 손이 사물을 만지고 조작하는 동안 많은 정보가 뇌로 전달되어 뇌가 발달하기 때문에 손이 잘 발달해야 뇌도 잘 발달한다. 또한 손가락 움직임이 좋아지면 언어도 발달한다. 그래서 손가락 움직임이 또래에 비해 둔한 경우 언어 발달이 지체되는 경우가 많다. 아기의 손가락 동작을 확인하는 것은 이처럼 언어와 뇌의 발달에 무척 중요한 일이다.

✳✳✳✳✳✳✳✳✳✳✳✳✳✳✳✳✳✳✳✳✳✳

'아빠'라는 말을 하지 않던 아이

두 살 된 남자아이가 발달 문제로 센터를 찾아왔다. 아이는 사물, 특히 전자제품의 상표와 이름에 관심이 많았으나 '아빠'라는 말을 하지 않았는데, 센터를 방문하기 전에 대학병원 소아과에서 '유사 자폐'라는 진단을 받았다고 했다(당시에는 '발달장애'라는 진단을 내리지 않았다).
아이의 눈빛은 불안하고, 얼굴 표정은 긴장되고 어두워 보였으며, 장난감을 가지고 놀 때도 잡는 것이 서툴렀고 손힘이 약했다. 움직임 발달이 전반적으로 지연되어 있는 것이 원인이라고 판단해, 아빠에게 집에서도 아이와 함께 운동할 것을 당부했다. 수업을 1년 정도 진행하고 나니, 아이는 이전보다 신체 기능도 좋아지고, 손에 힘도 생겼다. 그때쯤 아이의 아빠는 집 옥상에 벽돌 70장을 갖다 놓고 아이와 벽돌을 나르고 쌓는 놀이를 시작했다고 했다.

이후 아이의 손힘은 눈에 띄게 좋아졌고, 아빠와 많은 시간을 보내면서 표정도 밝아졌다. 아이는 '아빠'라는 말을 하기 시작했고, 유치원 생활에도 잘 적응하게 되었다.

장난감을 주고받아요

생후 12개월에 이르면 아기는 자기가 가지고 놀던 장난감을 다른 사람과 주고받으면서 타인과 상호작용할 정도로 사회성이 발달한다. 이 시기 아기가 다른 사람과 상호작용하지 않거나 다른 사람에게 관심을 보이지 않는다면 아기의 사회성 발달에 문제가 있는 것이다. 그러므로 이 경우 역시 11, 10, 9개월의 발달을 역추적하며 원인을 찾아야 한다.

사회성 발달 문제는 발견이 늦어질수록 아이가 또래집단에서 겪는 어려움이 커진다. 센터를 찾는 아이들 중에는 사회성 발달 문제로 어려움을 겪는 아이들이 꽤 많다. 소극적인 아이가 있는가 하면 폭력적인 아이도 있고, 다른 사람을 배려하지 못해 따돌림을 받는 아이도 있다.

아기가 타인과 상호작용을 잘하는지 세심히 확인해 보고 문제가 있다면 조기에 바로잡을 수 있는 기회를 놓치지 말자.

✾✾✾✾✾✾✾✾✾✾✾✾✾✾✾✾

공격적이던 아이

유치원 생활에 적응을 못 하던 남자아이가 엄마와 함께 센터를 찾아왔다. 아이는 자기 마음대로 안 되면 친구를 때리거나 장난감을 자주 빼앗아서 같이 노는 아이가 없었다. 맞벌이 가정인

탓에 아이가 원하는 대로만 해주다 보니 배려를 배우지 못했고, 다른 아이에게 양보하라고 하면 화를 낸다는 것이 엄마의 설명이었다.

우선 아이가 심리적 안정감을 형성할 수 있도록 수업에 부모가 꼭 함께 참여하도록 했다. 아이와 부모가 공을 주고받고 차는 놀이를 하게 하여 놀이의 규칙과 순서, 양보를 자연스럽게 익히도록 했다. 또한 트램펄린 위에서 전신 운동을 하여 몸의 긴장을 풀도록 유도했다. 약 6개월 정도 수업을 한 결과 아이는 이전보다 한결 타인을 배려할 수 있게 되었고, 유치원에서도 다른 아이들과 잘 어울릴 수 있게 되었다.

쪼그려 앉았다 일어서요

생후 1년간 성장발달의 최종 목표는 아기 스스로 일어나 걷는 것이라고 해도 과언이 아니다. 아기가 12개월에 서서 걸을 수 있으면 1년 동안의 발달 과업을 충실히 이행한 것으로 볼 수 있다.

하지만 꼭 살펴봐야 할 점이 하나 있다. 바로 아기가 어떤 식으로 일어나서 걷는가이다. 대개 아기들은 뭔가를 잡고 쪼그려 앉았다가 일어나는데, 한쪽 무릎을 세워서 일어나는 아기도 있다.

쪼그려 앉았다가 일어나는 경우 양다리가 균형 있게 발달할 수 있지만 한쪽 무릎을 세워서 일어날 경우 체중이 한쪽으로 쏠려 허리, 골반, 다리의 균형에 문제가 생길 수 있다. 그렇게 되면 균형감각이 떨어지고, 허리를 똑바로 세우지 못하고, 걸음걸이도 불안정해질 수 있기 때문에 아기가 쪼그려 앉았다가 일어나는지 주의 깊게 관찰하자.

✳✳✳✳✳✳✳✳✳✳✳✳✳✳✳✳

쪼그려 앉지 못하던 아이

유치원에서 친구들과 잘 어울리지 못하던 다섯 살 남자아이가 센터를 찾아왔다. 아이는 내성적인 데다 허리도 다소 구부러져 있었고 잘 넘어지는 등 발달이 미숙해 보였다. 발달 검사를 해보니 쪼그려 앉기를 전혀 하지 못하는 것을 발견할 수 있었다.

신체 발달뿐만 아니라 균형감각 발달도 미숙했던 것이다. 그래서 누워서 무릎 구부렸다 펴기, 철봉에 매달려서 무릎 올리기, 트램펄린에서 점프하기 등의 운동을 통해 아이가 자신감을 얻을 수 있게 도와주었다. 또한 가족과 함께 운동하면서 심리적 안정감을 형성할 수 있도록 지도했다. 수업을 시작하고 약 1년이 지나자 아이는 자신감을 얻어 다른 아이들과도 잘 어울렸고, 초등학교에 입학해서도 잘 지낼 수 있게 되었다.

혼자서 걸어요

아기가 스스로 일어나 걸을 수 있기까지는 1년이라는 시간이 필요했다. 아기의 눈에는 이제 새로운 세상이 보일 것이다. 그리고 아기의 웃는 얼굴에 스스로 해냈다는 자긍심과 할 수 있다는 자신감이 나타날 것이다. 아기가 정상적으로 발달하면 생후 48~52주에는 걸음마를 할 수 있다. 돌이 지났는데도 걸음마를 하지 못한다면 그 원인이 어디에 있는지를 찾아 아기가 걸을 수 있도록 도와주어야 한다. 아기가 뭔가를 잡고 일어서려고 했는지, 교차패턴 배밀이를 충분히 했는지, 유모차나 보행기에서 너무 많은 시간을 보내지 않았는지 등을 되짚어 확인해 보자. 걷는 자세가 불안정한 아기는 균형감각에 문제가 있을 공산이 크다. 늦게 걷기 시작한 아기는 훗날 균형감각이 좋지 않아 계단을 오르고 점프를 하는 등의 동작을 하는 데 어려움을 겪을 수도 있다.

✱✱✱✱✱✱✱✱✱✱✱✱✱✱✱✱✱✱✱✱✱✱✱✱✱

걸음마가 늦었던 아이

또래에 비해 발달이 늦었던 세 살 된 남자아이가 센터를 찾아왔다. 걸음마를 늦게 시작했던 아이는 걷는 자세가 불안정했고, 쪼그려 앉지를 못했다.

아이의 하체를 발달시키기 위해서 트램펄린 위에서 뛰고, 매트 위에서 기고, 누워서 무릎을 구부렸다 펴는 동작을 교육했다. 처음에는 아이가 동작을 싫어해 거부했지만, 그럴 때마다 다른 자세를 제시해 즐겁게 운동할 수 있도록 이끌어 주었다. 수업을 약 1년간 진행하고 나자 아이는 쪼그려 앉았다 일어날 수 있게 되었고, 골반과 허벅지 근육이 발달하여 안정적으로 걸을 수 있게 되었다. 걸음걸이가 좋아져 잘 뛰어놀 수 있게 된 아이는 유치원에서 또래 아이들과 잘 어울릴 수 있게 되었다.

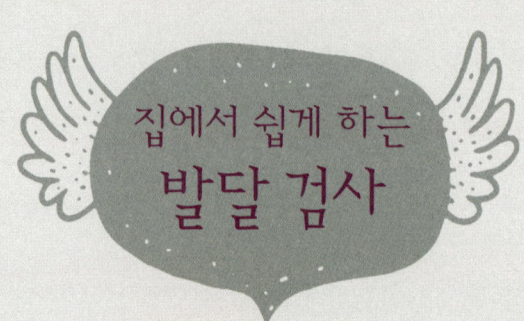

집에서 쉽게 하는 발달 검사

3~4개월

엎드린 자세 검사

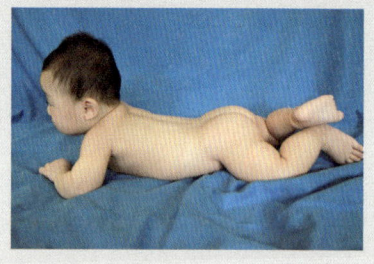

아기를 엎드려놓고, 아기가 머리와 종아리를 들어 올리는지 살펴보자. 이때 복부와 골반은 바닥에 밀착하고, 팔꿈치로 상체를 지탱하며 균형을 유지할 수 있어야 한다. 아기가 고개를 들지 못하거나 균형을 잡지 못한다면 전문가의 상담을 받아보는 것이 좋다. 목을 가누는 것은 중추신경계, 척추 발달과 밀접한 관련이 있을 수 있기 때문이다. 또한 아기를 엎드려놓았다가 눕혔을 때 격하게 울어도 전문가의 상담을 받아볼 필요가 있다. 아기가 누운 자세를 불편하게 느낀다면 역시 척추 발달에 이상이 있을 가능성이 있기 때문이다.

* 참고하세요!

2개월의 '엎드려서 고개를 제법 높이 들어요'(44쪽)

3개월의 '목을 가눠요'(58쪽)

머리 방향 검사

아기를 엎드려놓고 고개를 좌우로 돌리는 데 이상이 없는지 확인한다. 아기가 한쪽 방향으로만 고개를 잘 돌리고, 다른 방향으로 고개 돌리는 것을 극도로 싫어할 경우 전문가의 상담을 받는 것이 좋다. 이런 상황이 장기간 지속될 경우 고개가 비뚤어지는 것은 물론 척추 발달에 장애가 생길 수 있기 때문이다. 또한 이 시기 아기의 뼈는 연하기 때문에 한쪽으로만 누우면 머리가 납작하게 눌리거나 고개가 비뚤어질 수 있다. 그러므로 아기가 누워 있을 때 좌우, 정면 중 어느 한쪽으로만 있지 않도록 주의하자.

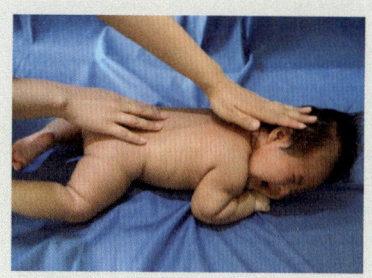

* 참고하세요!

1개월의 '고개를 잠깐씩 가운데에 둬요'(35쪽)

엉덩이 주름 검사

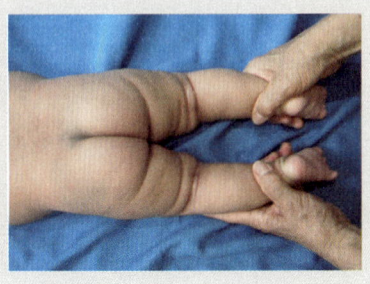

아기를 엎드려놓고 양다리를 모아 쭉 편 뒤, 엉덩이 주름이 좌우 대칭을 이루는지 확인한다. 엉덩이의 주름이 사진처럼 대칭을 이루지 않는다면 골반이 틀어졌을 수 있다. 이 경우에는 전문가와 상의하여 아기의 골반이나 척추 상태를 검사해 보는 것이 좋다.

＊참고하세요!
1개월의 '다리를 구부리고 펴요'(37쪽)

다리 움직임 검사

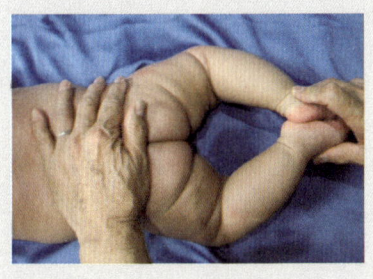

아기를 엎드려놓고 한 손으로는 엉덩이를 지그시 누르고, 다른 한 손으로는 아기의 발바닥을 모아 잡은 다음 발바닥을 엉덩이 쪽으로 밀어 사진처럼 종아리와 허벅지 사이의 무릎관절이 구부러지면서 직각이 되도록 한

다. 이때 아기 엉덩이가 바닥에서 들리지 않고 유연하게 움직인다면 정상적인 발달을 하는 것이다.

　마찬가지로 한 손으로는 엉덩이를 눌러주고 다른 손으로는 발바닥을 모아 잡은 다음, 발뒤꿈치가 엉덩이에 닿도록 종아리를 구부린다. 이때 다리가 유연하게 구부러지는지, 엉덩이가 바닥에서 들리지 않는지 확인한다. 종아리를 구부릴 때 바닥에서 엉덩이가 들리면 골반에 이상이 있을 수 있으므로 전문가의 상담을 받는 것이 좋다.

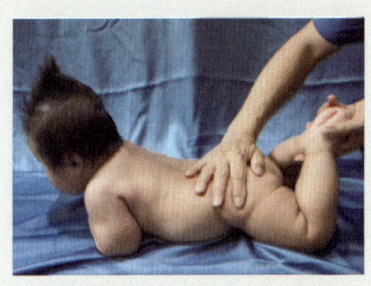

✱참고하세요!
3개월의 '누워 있을 때 다리를 구부려요'(62쪽)

상체 모양 검사

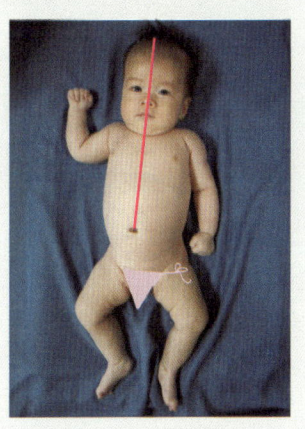

아기를 바르게 눕힌 후 몸 중앙을 가로지르는 가상의 선이 있다고 상상해보자. 아기의 코, 턱, 가슴 중앙인 흉골, 배꼽이 이 선에 걸쳐 있는지 확인하자. 아기의 코, 턱, 흉골, 배꼽이 이

선에 걸쳐 있다면 아기는 정상적으로 발달하고 있는 것이다.

그렇지 않고 신체의 좌우대칭이 맞지 않는다면 발달에 불균형이 생길 수 있으므로 전문가의 상담을 받아보는 것이 좋다.

*참고하세요!

2개월의 '머리, 가슴 중앙, 배꼽이 일직선상에 위치해요'(48쪽)

3개월의 '안정적으로 누워 있어요'(64쪽)

팔 움직임 검사

아기를 바닥에 엎드려놓고 등 뒤에서 아기의 양쪽 팔꿈치를 잡아 팔을 앞으로 쭉 펴준다. 이때 양손바닥은 마주 보면서 엄지는 위를 향할 수 있어야 정상적인 움직임이다. 그런 다음 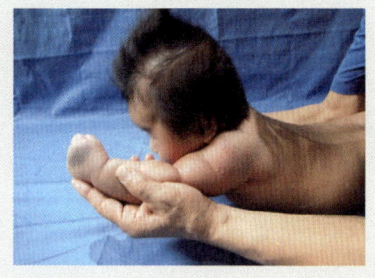 아기를 엎드려 있게 두었을 때 아기는 자연스럽게 아래팔로 지탱하면서 머리를 들어 올릴 수 있어야 한다.

엎드려 놓는데 고개를 들지 못하거나, 팔을 앞으로 뻗었을 때 손등끼리 마주 보거나 엄지가 네 손가락 안쪽으로 들어가 있을 경우 아기를 편안하게 한 뒤 검사를 다시 반복해 본다. 그래도 변함이 없다면 전문가의 상담을 받아보는 것이 좋다. 엄지가 손 안쪽으로 굽는다면 뇌성마비 등 뇌병변장애의 위험이 있다.

팔꿈치 움직임 검사

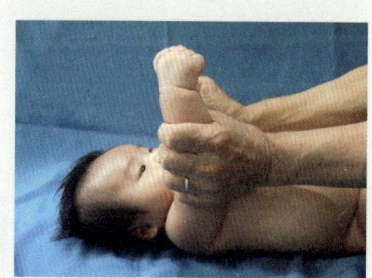

아기를 눕힌 다음 아기의 양쪽 팔꿈치와 팔을 각각 감싸 잡고 양손을 앞으로 뻗어준다. 이때 양팔이 유연하게 펴져 있는지, 손과 손이 맞닿는지 확인한다. 팔을 앞으로 내밀 때 아기의 머리가 뒤로 젖혀지며 힘이 들어간다면 척추와 목 근육에 관련된 신경계의 발달 이상을 의심해 볼 수 있다.

손가락 움직임 검사

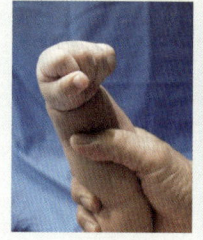 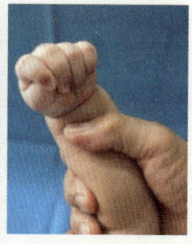

생후 3개월 늦어도 4개월 초에는 주먹을 펼 수 있어야 한다. 또한 아기가 주먹을 쥐었을 때 엄지가 네 손가락 안으로 들어가 있는지 확인하는 것이 중요하다. 주먹을 쥘 때 왼쪽 사진처럼 엄지가 밖으로 나오지 않고 오른쪽 사진처럼 네 손가락 안으로 들어가 있다면 뇌 발달에 문제가 있을 수 있으니 전문가와 상담하도록 한다.

✱참고하세요!

3개월의 '양손을 얼굴 앞으로 가져와요'(66쪽)

손 협응 검사

아기를 바르게 눕힌 다음 아기가 자연스럽게 손을 몸 앞쪽으로 가져와 잡으려 하는지를 살펴보자. 양손을 잡거나 입에 넣으면 손의 협응이 잘 이루어지는 것이다.

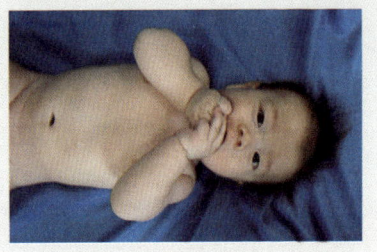

✱참고하세요!

3개월의 '양손을 얼굴 앞으로 가져와요'(66쪽)

4개월의 '양손을 입에 넣고 탐색해요'(93쪽)

6~7개월

엎드린 자세 검사

아기를 엎드려놓은 다음, 아기의 호기심을 끌 만한 장난감을 눈보다 높은 위치에서 보여준다. 아기가 장난감을 잡으려고 상체를 들어 올려 한 손으로 상체를 지탱하고 다른 한 손으로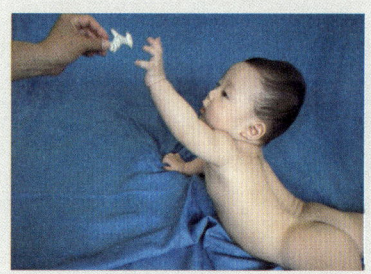
장난감을 잡으려 하면 정상적으로 발달한 것이다.

✱ 참고하세요!

7개월의 '엎드려서 한 팔로 상체를 지탱해요'(136쪽)

상체 움직임 검사

아기를 엎드려놓은 다음 아기가 상체를 들어 올리고 양팔로 지탱할 수 있는지 확인한다. 만약 양팔로 상체를 지탱하는 힘이 약하다면 엎드린 아기의 뒤에서 아기의 팔꿈치를 잡아 상체를 들 수 있도록 지탱해 주고 상체를 들 수 있는지 확인한다. 이때 골반과 허벅지는 바닥에 닿아 있어야 한다. 아기가 사진처럼 양손바닥을 바닥에 대고 있지 않고 주먹을 쥐고 있거나 지탱하는 팔의 관 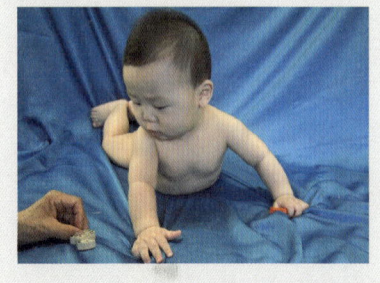 절이 바깥쪽으로 나가 있으면 전문가의 상담을 받아보는 것이 좋다.

*참고하세요!
6개월의 '엎드려서 상체를 들고 양팔로 지탱해요'(111쪽)

발 움직임 검사

아기를 눕힌 후 양다리를 모아서 가슴 쪽으로 무릎을 구부려 아기가 양손으로 양발을 잡을 수 있도록 한다. 구부러진 무릎과 발끝과 엉덩이가 마름모꼴을 이루도록 한 다음 아기가 발을 만지면서 놀 수 있도록 한다.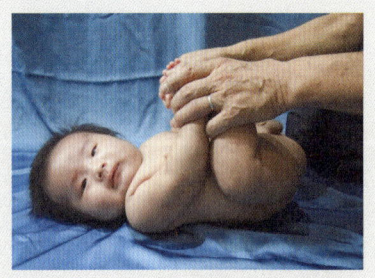

아기가 자기 발을 입으로 가져가 넣으려 하면 발과 입의 협응이 잘 이루어지고 신체도식이 제대로 형성되는 것이다. 그러지 않고 아기가 불편해하거나 그 자세를 취하지 못하면 전문가의 상담을 받는 것이 좋다. 척추 발달에 문제가 있을 가능성이 있기 때문이다.

＊참고하세요!

5개월의 '누워서 허벅지를 만져요'(102쪽)

6개월의 '누워서 발을 만지며 놀아요'(115쪽)

7개월의 '누워서 발을 빨아요'(140쪽)

유연성 검사

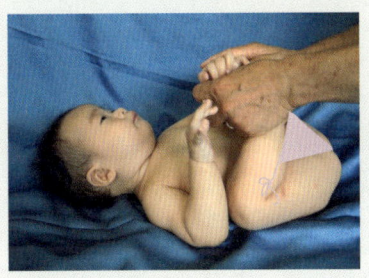

아기를 눕힌 후 양손으로 아기의 양발과 양손을 한데 모아서 검사자 쪽으로 끌어당긴다. 아기가 턱을 당기고, 다리를 몸통에 붙여 유연하게 끌려온다면 정상적으로 발달한 것이지만 그러지 않고 머리가 뒤로 젖혀진다면 전문가의 상담을 받아보는 것이 좋다. 목을 가누지 못하면 경추 발달에 문제가 있을 수 있기 때문이다.

9~10개월

가슴, 배, 엉덩이 들고 기는 자세 검사

아기가 가슴, 배, 엉덩이를 들고 기기 전 양손바닥과 양다리로 지탱하며 이리저리 몸을 흔들어 균형 잡는 연습을 할 때 사진과 같이 손바닥과 무릎으로 몸을 지탱하는지 확인하자.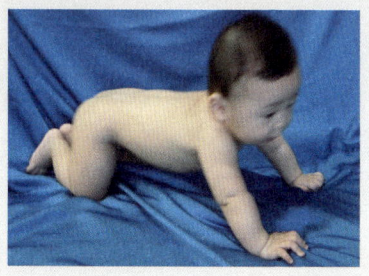

그러지 못하면 아기가 엎드린 자세에서 상체를 일으킨 채 양팔로 지탱할 수 있는지 확인해 본다. 이 동작을 할 수 없다면 상체 들기 연습을 시켜주며 변화가 있는지 살펴보자.

만약 양팔로 상체를 들 수 있는데도 무릎으로 지탱하면서 엉덩이를 들지 못한다면 아기 배에 수건을 U 자 모양으로 둘러 부드럽게 끌어 올려서 상체를 들어 올리는 연습을 시켜준다.

*참고하세요!

9개월의 '팔과 무릎으로 지탱하며 가슴, 배, 엉덩이를 들어요'(164쪽)

10개월의 '가슴, 배, 엉덩이를 들고 기어요'(189쪽)

앉은 자세 검사

아기가 앉아 있을 때 사진과 같이 다리를 앞으로 하지 않고 W 자로 하고 있는지 확인해 보자. 이는 척추 발달을 방해할 수 있으므로 아기가 W 자세로 앉아 있다면 다리를 앞으로 하여 균형을 잡을 수 있도록 도와준다.

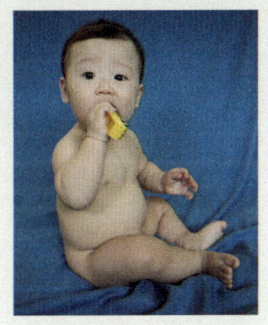

> *참고하세요!
>
> 7개월의 '엎드려서 한 팔로 상체를 지탱해요'(136쪽)
>
> 8개월의 '비스듬히 누웠다 앉아요'(150쪽)
>
> 7~9개월 핵심 발달 '비스듬히 누웠다 앉아요'(177쪽)

일어서는 자세 검사

사진과 같이 아기가 양다리를 쪼그려 앉듯이 구부렸다 펴서 일어서지 않고 양쪽 다리를 끌어당기듯이 일어서면 신경계 이상이 있을 수 있으므로 전문가의 상담을 받아봐야 한다.

✽ 참고하세요!

11개월의 '쪼그려 앉았다 일어서요'(201쪽)

10~12개월 핵심 발달 '쪼그려 앉았다 일어서요'(226쪽)

12~15개월

쪼그려 앉은 자세 검사

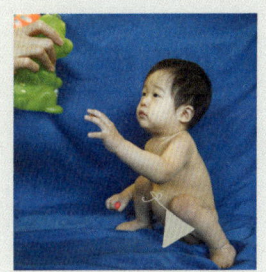

아기가 쪼그려 앉는 것은 뭔가를 잡지 않고 혼자 일어서기 위한 준비 과정이자 다리근육을 강화하는 과정이기도 하다. 이 시기에 조금도 쪼그려 앉지 않고 첫 걸음마를 하면 신경학적 손상이나 보행 자세 이상을 의심할 수 있으므로 전문가의 상담을 받아보자.

또 아기가 쪼그려 앉아 있기 어려워하는 경우 이후 하체 발달에 문제가 생길 수 있다. 예를 들어, 평형대 위 걷기, 계단 오르기, 점프하기 등의 자세가 불안정해질 수 있다.

＊참고하세요!
11개월의 '쪼그려 앉았다 일어서요'(201쪽)
10~12개월 핵심 발달 '쪼그려 앉았다 일어서요'(226쪽)

선 자세 검사

아기가 혼자 서 있기 위해서는 오랫동안 몸의 균형을 유지하는 법을 배운다. 아기가 균형을 잘 잡을 수 있는지는 다음과 같은 방법으로 발 모양을 관찰해 보면 알 수 있다.

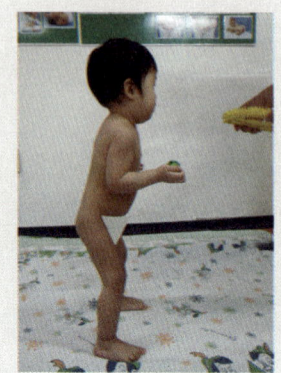

① 아기가 양다리를 벌리고 서 있을 때 뒤에서 양손으로 아기의 골반을 잡는다.
② 아기의 골반을 살며시 당긴다.
③ 이때 아기의 무게중심이 뒤로 쏠리는데, 아기가 발 앞쪽을 들며 뒤꿈치에 힘을 주면 스스로 균형을 잘 잡는 것이다. 아기가 발 앞쪽을 들지 않거나 몸 전체의 움직임이 불안하다면 전문가의 상담을 받아보는 것이 좋다.

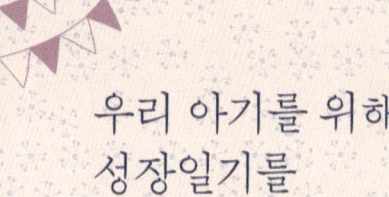

우리 아기를 위해 성장일기를 써요

*성장일기는 왜 써야 하나요?

성장일기를 써두면 아이에게 발달 문제가 생겨 전문가와 상담할 때 큰 도움이 된다. 의외로 양육자는 아이의 발달 과정을 제대로 기억하지 못한다. 언제 뒤집었는지, 배밀이를 시작했는지, 일어섰는지와 같은 굵직한 성장 사건은 물론 상세한 부분을 정확하게 기억해 내는 일은 생각보다 어렵다. 하지만 아이의 발달 상황은 아무리 사소한 것이라도 발달 문제 해결에 있어 중요한 단서가 되므로 성장일기가 있다면 훨씬 정확하고 신속하게 진단을 내릴 수 있다. 또한 아이가 성장한 후 자기의 성장과정을 되돌아보고 발달 과정을 이해하는 데도 도움이 된다.

*무엇을 써야 하나요?

이 책에서 다룬 월별 움직임을 토대로 아기의 움직임을 기록하자. 예를 들어, 처음 목을 가눈 시기, 주먹을 편 시기, 소리가 나는 곳을 향해 고개를 돌린 시기 등 큰 움직임(대근육 발달)과 작은 움직임(소근육 발달), 감각 발달에 대해 가능한 자세하게 기록하는 것이 좋다.

더불어 모유/분유를 먹은 시기와 양, 수면시간 등을 쓰다 보면 아기의 생활리듬을 파악하는 것뿐 아니라, 아이에게 수면 연습을 시킬 때도 큰 도움이 된다.

그리고 아기가 내는 소리에 대해서도 '몇 주쯤 옹알이를 했지' 하며 막연히 기억하기보다 어느 시기에 어떤 소리를 냈는지 기록한다면 아기의 언어 발달 상황을 더 정확하게 파악할 수 있을 것이다.

이렇게 성장일기를 쓰다 보면 아기에 대해 더 많은 것을 알 수 있게 되고, 관심과 애정이 더욱 커질 것이다. 하루 3~5분 정도 잠깐 시간을 내면 아기를 더 현명하게 키울 수 있다.

0000년 0월 0일

큰 움직임 (대근육)
엎드려놓았을 때 고개를 제법 높이 들었다.
공갈젖꼭지가 떨어지려 할 때 손을 입으로 가져가 손등을 갖다 댔다.

작은 움직임 (소근육)
손가락을 다 펴고, 검지손가락만 펴기도 했다.

감각 발달
소리가 나는 쪽으로 고개만 돌렸다.

사회성 발달
사람을 보면 웃는다.

언어 발달
말을 거니 대답하듯 '에오' '에오' 소리를 냈다.

생활 패턴
모유를 7번 먹었다. 밤에 8시간을 계속 잤는데, 중간에 수유를 위해 한 번 깼다. 오전에는 10분 정도 자다 일어나서 울고 하며 1시간을 겨우 잤다. 오후에는 5시간 반 정도 계속 잤는데, 중간에 수유를 위해 한 번 깼다.

그 외 특이사항
이모가 안고 있는데 갑자기 온몸이 빨갛게 되도록 울었다.

발달 지표가 되는 움직임 찾아보기

ㄱ

가슴, 배, 엉덩이 들고 기기 112, 137, 146, 151, 164~5, 174, 182, 189~191, 208, 220, 240

ㄴ

낯가림 21, 160~1, 185~6
누워 있을 때 다리를 구부리기 62~3
누워서 발 잡고 놀기 102~3, 115~7, 129
누워서 발 빨기 72, 140~1, 154, 180
눈 깜빡이기 96

ㅁ

머리, 가슴, 배꼽이 일직선상에 48~9, 65, 102, 233
멀리 있는 물건을 당겨오기 214~5
목 가누기 7, 34, 58~61, 72, 80, 83~4, 86, 90, 107, 127, 154, 230, 239
몸 뒤집기 89~92, 100, 115, 116, 129, 130~1, 137, 140, 142~3, 145, 153, 154, 166, 178, 179, 180, 192, 221
물건을 가려도 없어지지 않은 것 알기 120, 135, 158
물건을 넣었다 빼기 163, 170
물건을 옮겨 잡기 104~5, 132~4

ㅂ

배밀이하기 7, 89, 113~4, 146~9, 164, 165, 174~6, 180, 191, 221, 228

비스듬히 누운 자세에서 일어나 앉기 150~2, 177~8

ㅅ

사회적 미소 짓기 71~2, 97~8, 123~4
소리가 나면 귀를 기울이기 27, 40, 52~3, 79~80
손가락 자주 펴기 50~1, 66~7, 78
수영자세 하기(엎드려서 양팔과 양다리를 들어 올리기) 101, 108, 111, 112, 127, 176

ㅇ

안정적으로 앉기 200, 210~1, 220~1
양손 얼굴 앞으로 가져오기 66
양손 자유롭게 사용하기 156~7
엄지와 검지로 물건 잡기 194~5, 222~3
엎드려 있다가 옆으로 굴러 눕기 153~5
엎드려서 양팔과 양다리를 들어 올리기(수영자세) 101, 108, 111, 112, 127, 176
원하는 것 주장하기 171~2
원하는 물건으로 손을 뻗기 118~9

ㅈ

잡고 걷기 212~3
잡고 일어서기 166~7, 179~80
적극적으로 상호작용하기 216~7
쪼그려 앉기 201~2, 221, 226~7, 243

ㅎ

흉내 내기 96, 109, 162, 198

참고문헌

김수연 『김수연의 아기발달 백과 : 0-5세 집에서 하는 성장발달 검사 & 발달놀이』 (지식너머, 2014).
삼성출판사 편집부 『임신 출산 육아 대백과』 2016년 개정판 (삼성출판사, 2015).
서천석 「아이 안고 흔들어주면 전정기관 자극해 발달 빨라요」 http://legacy.www.hani.co.kr/section-005100031/2005/01/005100031200501041745032.html
이지영 외 「보행기가 유아 운동발달에 주는 영향에 관한 연구」 『소아과』 제46권 제2호 (2003).
정진우 외 『뇌성마비아를 위한 보이타의 진단과 치료』 (대학서림, 1994).
Cameron, Claire E. et al. "Fine motor skills and executive function both contribute to kindergarten achievement" PMC July 01, 2013.
Doman, Glenn and Doman, Janet 『0세 육아: 우리 아기를 위한 잠재력 계발 프로그램』 박미경 역 (살림, 2010).
EBS 아기성장보고서 제작팀 『아기 성장 보고서: EBS 특별기획 다큐멘터리』 (예담, 2009).
Eliot, Lise 『우리 아이 머리에선 무슨 일이 일어나고 있을까?』 안승철 역 (궁리, 2004).
Gjelsvik, Bente E. B. 『보바스 개념의 성인신경치료학』 황병용 역 (서울 메드-메디아, 2008).
Goldstein, E. Bruce 『감각과 지각』 7판, 김정오 외 역 (Cengage Learning, 2010).
Hellbrügge, Theodor. Die ersten 365 Tage im Leben eines Kindes: Die Entwicklung des Säuglings. Theodor-Hellbrügge-Stiftung, 2010.
Lommel, Elke. Handling und Behandlung auf dem Schoß: In Anlehnung an

das Bobath-Konzept. Pflaum, 2002.

Polinski, Liesel 『아기 몸놀이 120가지』 박정미 역 (이지앤, 2004).

Polinski, Liesel. PEKiP: Spiel und Bewegung mit Babys: Mehr als 100 Anregungen für das erste Jahr. Rororo, 2001.

Pulkkinen, Anne. PEKiP-Babys spielerisch fördern(GU Ratgeber Kinder). Gräfe u. Unzer, 2010.

Shaffer, David R. and Kipp, Katherine. 『발달심리학』 개정 8판, 송길연 외 역 (Cengage Learning, 2012).

Vojita, Václav and Peters, Annegeret 『보이타 원리: 반사적 진행동작 및 운동의 개체발생에서의 근육운동』 손현주 역 (대학서림, 2000).

Vojita, Václav and Peters, Annegeret. Das Vojta-Prinzip. Berlin Heidelberg: Springer, 2007.

Ward, Sally 『베이비토크』 민병숙 역 (마고북스, 2011).

Weigert, Vivian. Stillen: Die schoenste Zeit mit dem baby. Mosaik, 1998.

Zimmer, Renate. Handbuch der Bewegungserziehung. Didaktisch-methodische Grundlagen und Ideen für die Praxis. Freiburg: Herder, 2004.

Zukunft-Huber, Barbara. Baby-Gymnastik: So unterstützen Sie Ihr Kind. TRIAS, 2009.

Zukunft-Huber, Barbara. Die ungestörte Entwicklung Ihres Babys: Wie Sie die natürliche Bewegung unterstützen und Fehlhaltungen vermeiden. TRIAS, 2010.

**두뇌 발달을 결정하는
생후 1년 우리 아기 움직임**

지은이 이상수, 이효주

1판 1쇄 인쇄 2015. 11. 8
1판 2쇄 발행 2018. 11. 15

펴낸곳 예 · 지
펴낸이 김종욱

등록번호 제1-2893호
등록일자 2001. 7. 23
주소 경기도 고양시 일산동구 호수로 662
전화 031-900-8061(마케팅), 8060(편집)
팩스 031-900-8062

편집디자인 신성기획

ⓒ LEE, Sang-soo and LEE, Hyo-joo, 2015
Published by Wisdom Publishing. Co.
Printed in Korea.

ISBN 978-89-89797-96-8 03590

이 도서의 국립중앙도서관 출판시도서목록(CIP)은 서지정
보유통지원시스템 홈페이지(http://seoji.nl.go.kr)와 국가
자료공동목록시스템(http://www.nl.go.kr/kolisnet)에서
이용하실 수 있습니다.(CIP제어번호: CIP2015029610)

예 지 의 책은 오늘보다 나은 내일을 위한 선택입니다.